全国小学生校园美文精品集萃丛书

七色阳光 小少年

甘蔗梢头

《语文报》编写组 编

时代文艺出版社

图书在版编目（CIP）数据

甘蔗梢头 /《语文报》编写组编. —长春：时代文艺出版社，2018.8（2023.6重印）
（"七色阳光小少年"全国小学生校园美文精品集萃丛书）

ISBN 978-7-5387-5451-3

Ⅰ. ①甘… Ⅱ. ①语… Ⅲ. ①作文－小学－选集 Ⅳ. ①H194.4

中国版本图书馆CIP数据核字（2018）第113193号

出品人　陈琛
产品总监　郭力家
责任编辑　王峰
助理编辑　史航
装帧设计　孙利
排版制作　隋淑凤

本书著作权、版式和装帧设计受国际版权公约和中华人民共和国著作权法保护
本书所有文字、图片和示意图等专有使用权为时代文艺出版社所有
未事先获得时代文艺出版社许可
本书的任何部分不得以图表、电子、影印、缩拍、录音和其他任何手段
进行复制和转载，违者必究

甘蔗梢头

《语文报》编写组 编

出版发行 / 时代文艺出版社
地址 / 长春市福祉大路5788号　龙腾国际大厦A座15层　邮编 / 130118
总编办 / 0431-81629751　发行部 / 0431-81629758
官方微博 / weibo.com / tlapress
印刷 / 北京一鑫印务有限责任公司
开本 / 700mm×980mm　1 / 16　字数 / 153千字　印张 / 11
版次 / 2018年8月第1版　印次 / 2023年6月第5次印刷　定价 / 34.80元

图书如有印装错误　请寄回印厂调换

编 委 会

主　　编：刘应伦

编　　委：刘应伦　赵　静　李音霞
　　　　　郭　斐　刘瑞霞　王素红
　　　　　金星闪　周　起　华晓隽
　　　　　何发祥　朱晓东　陈　颖
　　　　　段岩霞　刘学强

本册主编：郑　慧　廖　瑾
副 主 编：李娅辉

目 录

长大后我就成了你

长大后我就成了你 ········ 杨胜超 / 002

水之歌 ········ 汪圣凯 / 004

生命 ········ 郑张扬 / 005

北海 ········ 林嘉艺 / 006

那扇与众不同的窗 ········ 吴书含 / 008

"站立"的挑战 ········ 宣邵淇 / 010

鱼刺寄宿 ········ 钟书盈 / 012

乡村雨景 ········ 胡望潇 / 013

再也没有 ········ 陈双弋 / 015

茶油飘香 ········ 黄　豆 / 016

外婆的家常小炒 ········ 郑霈琦 / 018

我和图书有个约会 ········ 曾徐奕旻 / 020

同桌找笔帽记 ········ 刘祝娴 / 022

黄昏 ········ 江凯宁 / 024

以牙还牙 ········ 陈彦汝 / 025

我最喜爱的一本书 ……… 祝永康 / 026

那属于我的童话魂 ……… 陈文心 / 028

亲爱的你 ……… 戴亦凡 / 030

太空漂泊历险记 ……… 陈方飞扬 / 032

家乡 ……… 汪　烨 / 036

寂寥光芒

直面死亡 ……… 葛　腾 / 040

我的好老师 ……… 姚　可 / 041

我们的老师是只猫 ……… 严郑灵 / 043

我喜欢的一位老师 ……… 郑圣瀚 / 044

爱哭也爱笑的老师 ……… 庄若冰 / 046

燃烧 ……… 叶千寻 / 048

十二月的衢州 ……… 郑春韵 / 050

寂寥光芒 ……… 张雪怡 / 051

贝壳小鸟 ……… 姜　卉 / 053

那天，我与友情撞个满怀 ……… 徐晓寅 / 054

与外婆一起走过的日子 ……… 陈彦竹 / 056

与作业一起走过的日子 ……… 朱斌莲 / 058

与白开水一起走过的日子 ……… 潘　鸷 / 059

值 ……… 吕佳韵 / 061

清点时间 ……… 刘治坤 / 063

蔷薇的忧伤 ……… 沈　星 / 065

风 ……… 富　婧 / 066

一月母子 ……… 吴蕴晖 / 067

梦 ……… 黄　轲 / 069

纸鹤千千

窃读小记 ……… 余婧雯 / 072

班主任"三绝" ……… 陈　乐 / 074

我为余老师点个赞 ……… 许　畅 / 075

我爱大食堂 ……… 徐心禾 / 077

42 号的名字叫全体女生 ……… 罗赛仕 / 079

兄弟 ……… 余子涵 / 080

把羞涩甩在身后 ……… 陈和坤 / 083

一支自动铅笔 ……… 郑欣怡 / 084

我们去吃画糖 ……… 刘思宇 / 086

纸鹤千千 ……… 徐璐卉 / 087

抢遥控器 ……… 王路萍 / 089

老头儿 ……… 郑海容 / 090

吃货的世界 ……… 罗　赛 / 092

我的小仓鼠 ……… 于雅君 / 093

外婆的白木耳 ……… 叶明俊 / 094

老尧 ……… 徐以捷 / 096

乡村的山，乡村的林

那晚的月光 ……… 何明远 / 100

爱美的我·童年轶事 ……… 涂　林 / 101

老屋印象 ……… 阮承旭 / 103

乡村的山，乡村的林 ……… 赵忆嘉 / 104

就这样慢慢长大 .... 吴　晖 / 106

我的怪脾气老妈 .... 陈林洁 / 107

外婆的鸡蛋羹 .... 姜欣愉 / 109

记忆中的古巷 .... 杨佳明 / 110

邂逅秋桂香 .... 徐沁钰 / 112

绘画，我的梦想 .... 徐　醉 / 114

光里的 T 先生 .... 傅　可 / 116

用力握紧你的手 .... 朱　潇 / 118

我努力读懂自己 .... 缪辛越 / 119

那声音，常在心田 .... 杜梦芸 / 121

奶奶的煮豆腐 .... 崔兢之 / 123

青春林荫路 .... 徐靖涵 / 124

我咋这么傻呢 .... 梁钰雯 / 126

等待 .... 吴欣睿 / 128

我咋这么二呢 .... 姜雨晗 / 129

渺小的星辰 .... 徐　瑶 / 131

又见枝头吐新绿

电话 .... 刘　辰 / 134

眼神 .... 余奥纯 / 135

衢州烤饼 .... 徐小涵 / 137

18 点 24 的光阴 .... 方昕婷 / 138

这里也有乐趣 .... 黄豆豆 / 139

星星点灯 .... 丰牧子 / 141

我真高兴 .... 何忆萱 / 143

我的选择 .... 徐致远 / 144

怀恋·乡间炊烟 .... 饶心月 / 147

就这样慢慢长大 .... 黄　茜 / 148

又见枝头吐新绿 .... 杨逸凡 / 150

我的两位老师 .... 郑睿妍 / 151

草稿纸 .... 孙熙炜 / 153

我的诸徒弟们 .... 姜舜议 / 154

茶颂 .... 王书懿 / 156

提拉米苏 .... 舒天楚 / 157

转角是绿萝莉 .... 吕欣冉 / 159

小人国和大人国 .... 王睿轩 / 160

搓澡的故事 .... 章　乐 / 164

长大后我就成了你

还记得小时候，看见你每日早晨起来对着镜子梳头，心中总是不以为然：一个大男人没事就梳头，真没出息。而现在的我几乎将梳头当作了每天的必修课，我每次不把那蓬松的头发梳得整齐划一就决不罢休。我也时常"日省自身"，也逐渐发现自己不同于往日，尤其是自己的生活中多了"爱梳头"这一条，思来想去，只得归功于你。

长大后我就成了你

杨胜超

清晨洗漱时，望着镜子中与你越来越相像的脸，心神不由得宁静了下来，不由得回想起这十几年与你的点点滴滴……

小时候，我长得并不太像你，为此，你没有少遭朋友、同事调侃。现在，他们一见到我就对你说："你儿子长得与你越来越像了！"每当这时，你便笑得很开怀。确实，现在的我和你简直是一个模子里刻出来的，而我也由当初的一个孩童长得和你差不多高了。

还记得小时候，看见你每日早晨起来对着镜子梳头，心中总是不以为然：一个大男人没事就梳头，真没出息。而现在的我几乎将梳头当作了每天的必修课，我每次不把那蓬松的头发梳得整齐划一就决不罢休。我也时常"日省自身"，也逐渐发现自己不同于往日，尤其是自己的生活中多了"爱梳头"这一条，思来想去，只得归功于你。不仅如此，在其他方面你也以身作则，你的言行也潜移默化地影响着我。

小时候，脑中总是有各种疑问，我问你，你总是不厌其烦地替我解答。现在，我渐渐长大，你也随我一起接触起了外界的新事物，摆弄起了智能手机，玩转了电脑。还记得刚接触这些东西的时候，你也不开窍，便向我请教。每到这时我总是心中暗叹一声"朽木不可雕也"，然后不厌其烦地替你解答，倒也乐在其中。我也不仅仅满足于在这一方面胜过你，便常常与你争论问题，尽管仍是胜少败多，但也乐此不疲，你我于辩论之中将知识与观点互相补充、互相印证，倒也不失为一桩乐事。

还记得儿时，每当妈妈外出不在家时，便由你来掌勺。每次你都信心满满，将饭菜做好后也不忘自吹自擂，小小地自恋一番。可每次尝试吃过以后，我便不敢下箸，每吃一口都需要莫大的勇气，当真是"食不下咽"。现在轮到我接替了你的位置，每当我将炒好的美味佳肴端到桌子上时，也不忘先自我欣赏一番。唉，我当真是越来越像你了。不过我做的菜也确实比你做的菜要好吃，这点你也是认同的，以后你大可优哉游哉，饭菜还是交由我来做吧！

还记得以前，我经常惹你生气，甚至有一次为了一篇作文与你争吵，原因仅仅是我想写一篇想象类的作文，而你觉得那太老套。唉，现在想想，那时真是太天真了。还记得六年级的时候，你为我择校的事而整天奔走，而我却依旧不懂事，往往会触怒你，可是你却并没有待我不同往日。待我上中学以后，只是惦念着我，惦念着你的儿子。

你确实老了，平时有许多事都需要我去代劳，我也不抱怨，并将这划分为我的分内事。我也时常想象，想象我们父子俩在夕阳下一直走着、走着，直到我们的背影重合……

水 之 歌

汪圣凯

我是这颗蔚蓝色的星球上的生命之源。有了我,地球上的万物便拥有了生命;有了我,地球从此便变得五彩缤纷;有了我,宇宙平添了一份生机。我,赋予世间万物生命。

我带给了大自然丰富多彩的声音:

咕嘟——咕嘟,这是人们所喝的开水冒泡的声音。

滴答——滴答,这是自然中雨水落地的声音。

淙淙——淙淙,这是清甜可口的山泉水向外冒的声音。

哗哗——哗哗,这是山川之间江河流淌的声音。

……

当地球最初形成之际,我便出现了,带给了地球无限生机。寂静的地球逐渐变成了生命的摇篮,文明的曙光在我的怀抱下形成。

上善若水。我代表善良,我代表温柔,我代表宽容。

问渠那得清如许,为有源头活水来。我代表求知,我代表高洁,我代表进步。

从古至今,人们便以诸多诗句赞颂着我的功德。人们将思乡之情寄托在我身上,随奔腾的流水远达千里之外,我也义不容辞地完成人们的嘱托。

我爱着地球！我爱着地球上的生命！啊！

我甘愿为人们付出，也不要求回报——这是我的责任，也是我的心愿。

生　命

郑张扬

我竟没有想到，一颗小小的种子，竟有如此巨大的力量；我竟没有想到，一颗小小的种子竟能在濒临死亡的绝境中存活，并且长得更加生机勃勃……

我，吃惊了，也为此而感到敬佩！十几天前，我家准备烧糯米饭，妈妈特地准备了一些豌豆。不料，过了好几天，妈妈一直也没有做豌豆糯米饭。这些豌豆一直搁在冰箱里，看上去竟都面色枯黄，病怏怏的。

妈妈就想全都扔了。我在旁边看见，有些不忍，便选了四颗种子，将它们放进泡沫塑料碗里，然后用餐巾纸盖着，并浇了些水。从此，这里便成了豌豆的家。

几天过去了，豌豆的病情渐渐好转。慢慢地又恢复了它们原来顽童的本色，由黄变绿，似乎又为自己重新披上了一件嫩绿色的纱衣，玲珑饱满的身材若隐若现……又过了几天，豌豆居然发出了嫩芽，终于重新焕发出青春亮丽的光彩。它们正在茁壮地成长，茎也越来越粗，都挺直了腰板，以迎接新的挑战！

也许是我的照顾不佳，也许，这本该是它们的命数。那几天，爸爸妈妈因为工作的事非常忙，外出了，而我也被送到外公家。家里一直没人给豌豆浇水。于是，干旱降临了。

这四株原本茁壮成长着的豌豆苗儿，忽然一夜之间全都倒下了，蔫了，全无生机。我们全家为此开了一次紧急家庭会议，决定先浇一次水，看看豌豆还能不能撑下去。浇了水，一天之后，等我们晚上回到家，这些豌豆苗居然又活了，它们又挺起了胸膛，迎风招展。我想，这是有灵性的植物。它们不愿屈服于命运的安排，在绝境中顽强地生长着，它们伴随着我的希望，慢慢地成长，最后开花结果。

现在，这四株豌豆苗虽说不是枝繁叶茂，但也不是稀稀落落；虽比不上那些强健有力的树枝条，但看上去也是那么铿锵有力；虽说叶子没有那么深绿，但也绿得那么鲜活……

啊，我惊叹于豌豆种子那顽强的生命力。身处绝境还是努力地求生存，努力抗争。只要有一线希望，就能闯出一片天地，谱写一曲生命的赞歌。世间还有什么力量能有如此强大，为了自己的目标，再次焕发出耀眼的光芒。我不由得被再次感动了。一株小小的豌豆苗尚能如此强大，我们呢？

北　海

林嘉艺

北海给我的印象可以用一个字来形容，那就是"味"。

海是有"味"的。步入北海银滩,我就为她柔软无比的沙子所吸引,沙子如灵泉一般流出,又如水一般柔软,踩在上面,可以足底按摩。走在海边,感受着海风的抚摸,感受到了大海的细腻之处;抓起一把沙子投向海中,无声,我感受到大海的无比包容。站在海中,脚丫越陷越深,我的思想也越陷越深,身心也投入了广阔的大海中……拾起一个贝壳,捧在手中,我闻到了大海的气息;捧起一朵浪花,放在耳边,我听到了大海的声音;拿起一把细沙,轻轻摩擦,我看见了大海的力量……海是有"味"的,她不只有咸咸的海水味,不只有奇特的海风味,她有的是与生俱来的"韵味"。

　　街是有"味"的。走进北海老街,我沉醉于古老中,仿佛自己也来到了20世纪。午后的阳光洒在脸上,异常舒服,阳光也洒在了老街两旁的房屋上。漫步于老街,两边的房屋虽然很陈旧,但那沧桑感是别的房屋没有的。侧耳聆听,仿佛听到了叫卖声、脚步声,还听见了唱片的吱吱声……仿佛看到了穿旗袍的女郎、身着中山装的先生、戴着帽子手拿旧相机的记者。我还听见、看见了许多。而今并没有了老唱片、穿旗袍的女郎了,可古老的房屋却用他独特的方式告知我们一切!我喜欢老街,喜欢他的一切,喜欢那份独有的节奏。我一边看,一边走,却好像走不到头似的。街是有"味"的,他不只有美食的香气,缕缕的花香,他的身上从头到脚始终散发着悠悠的"古味"。

　　北海有着与生俱来的"韵味",有着悠悠的"古味",但我喜欢的还是她那种独有的质朴的"味"。

那扇与众不同的窗

吴书含

我的故乡在美丽富饶的乌溪江，那是最美丽的江，是最有趣的地方，也是我最引以为傲的地方。每到放假，我便和妈妈兴高采烈地去乌溪江玩。在那里，我最喜欢做的事就是待在我家客厅的一大块玻璃窗边上。

这是一扇与众不同的窗，它如一个巨大的画框，展示着一幅幅美轮美奂的"风景画"，画的是美丽的世外桃源。真可谓是：此境只应天上有，人间能得几回见（闻）啊！

今天，我又待在了那儿。

早晨，窗外阳光明媚，远处的山峰隐隐约约有些模糊，大概是因为早晨的山峰还没睡醒吧！山上响起了黄鹂快活的啼啭声，郁郁葱葱的山峰逐渐清晰起来，青翠欲滴的竹林在云雾中若隐若现，仿佛是仙境一般。忽然，一只小黄狗闯入了我的眼帘，"哦！好可爱！"可爱的小黄狗时而追逐着蝴蝶，时而追着自己的尾巴咬，时而懒懒地趴在地上晒晒太阳。我深深地陶醉其中。啊！好一幅美丽的风景画！

中午，画框里的画又变成了新的一番景象。金灿灿的阳光洒在爷爷家的稻田里，微风掠过，金光闪闪。我那亲爱的爷爷正在稻田里辛勤地劳动着，那一滴滴豆大的汗水落在地里，滋润了稻谷的生长。

还有几只馋嘴的鸟儿也来到稻田凑热闹，结果却被粘在了捕鸟的网上，那滑稽搞笑的造型使我忍不住捧腹大笑。我朝下望去，"哇！好美！"在爷爷家的稻田下方，就是我最引以为傲的乌溪江。在阳光的照射下，江水闪着耀眼的银色光辉。乌溪江的水真静啊，静得如一块明镜；乌溪江的水真清啊，清得仿佛可以看见江底的一切动态；乌溪江的水真甜啊，甜得就像有人在水里加了数不清的蜜糖。远远地，还可以看见几只小船在江面上游荡，又给这美如仙境的风景画加上了诗意的一笔。我在其中流连忘返：啊！好一幅美妙的画卷！

到了晚上，画面又变了。画框里有一片美丽的星空，上面零零碎碎地点缀着些许小星星，使黑黢黢的星空顿时耀眼了起来。这时，有几点渔火在沉睡的江面上若隐若现。慢慢地，渔船越来越近，不时地还传来船桨划过水面的"哗哗"声，打破了夜晚的静寂，再伴着山上传来的虫鸣声，一起编织成一首美妙的乐曲：哗哗，唧唧，哗哗，唧唧……好一派迷人的景象，好一幅美丽的画卷！

我再也忍不住了，翻出了窗外，我也要成为这幅画的一部分，也要与这美丽的画面融为一体，想成为这画中最耀眼的一笔！

我家有一扇与众不同的窗，窗里的画面永远在不断地变化着，每天都不一样，每时都不一样。

我爱我家的那扇窗，更爱我那美如画的故乡！

"站立"的挑战

宣邵淇

"3，2，1，0！耶！我们成功了！"书房里回荡着我们快乐的笑声。我，爸爸，妈妈正挑战一个高难度的站立游戏。

一听到"站立"，你肯定会说，这还不简单？只要有健全的双脚，谁不会站立呀？可这回的"站立"却非同一般，考验着你的智慧。

游戏规则是这样的：三个人站在一张8开的卡纸上，不能有任何一人的脚落在卡纸以外的地上，而且三个人要这样坚持站立二十秒。"什么？三个人站在一张8开的纸上？"这当我们是武林高手啊？怕是只有张无忌、乔峰这样的轻功高手才做得到吧？但在爸爸妈妈的鼓励下我将信将疑地加入了游戏。

开始挑战了！我、爸爸、妈妈率先尝试金鸡独立的站法。只见老爸一只脚向后勾起，双手呈水平伸直，如一只仙鹤挺立着。老妈则一只脚紧贴着老爸的一只脚踮着，一只脚向前伸出，双臂向前拥着老爸，而我则依靠身体的灵活从8开纸上寻得几点空处，踮着脚尖靠着老爸，拥着老妈，三人紧紧地拥抱在一起，如一个巨大的不倒翁，摇摇晃晃的。没过几秒，我整个人就往老爸身上靠，老爸险些摔倒，幸亏他眼疾手快，及时发力将我扶住，才使得我们惊险过关。只过了五

秒钟就险些失败，我们又开始艰难地支撑。可刚到十秒，老爸就因为没拉住我，使得人往后仰，原来向后勾住的脚着地了。第一轮，我们不得不含憾落败。

这样金鸡独立依靠平衡的方法坚持不住二十秒，我们就只能改变战术，采用抱人的方法。老爸抱着我的双脚踩在纸上，而老妈在白纸的空隙中放入一只脚，另一只脚向后勾起。显然我的重量不可小觑，老爸抱着我岌岌可危，结果我们这回只坚持了五秒钟。

到了第三轮了，既然抱人金鸡独立的方法都不行，那显然不能在身体的协调性上做文章了。这时，我灵机一动，不如在8开纸上想想办法。我找来了剪刀，把8开纸剪成头尾相连的三等分，刚好一等分能容纳一只脚。但是我和老爸的麻烦就大多了。我的脚偏大，站上那一小片纸就像踩在独木舟上一样，时不时就有踩在地上的风险。而老爸则是因为人胖体重单脚站的稳定性不好，好似一座风吹就倒的危楼。因为老妈最稳，于是老妈站在中间，我和老妈面对面相拥，老爸则轻靠着老妈。就这样，三个人支撑成一条线，终于稳了下来。开始倒计时！刚坚持五秒，我就有点儿力不从心。过了十秒，我的身体已控制不了平衡，好像只要有人来吹一口气，我就会倒下。十五秒过去了，我摇晃得更厉害，老妈拼命地扶着我，好让我保持平衡。终于只剩五秒了！可这五秒的时间却是度日如年。"加油，加油啊！可千万别在这紧要关头倒下啊！只剩五秒了！"我心中默默祈祷着。"3，2，1，0"妈妈大声喊着，"挑战成功！"

这个游戏告诉我：生活处处皆学问，做事还得多动脑，善于打破常规，才能突破创新。

鱼刺寄宿

钟书盈

那天中午，我津津有味地吃了条黄鱼，随即，一根软软的、两厘米长的鱼刺卡在我的喉咙里了。这一寄宿，就是一天一夜。

从食堂回教室的路上，我都在缠着陈艺文想尽办法变化着表情，咬牙切齿地想把鱼刺咳出来，可依旧无济于事。回到班里后，我慌慌张张地灌了两瓶水，心想："不能咳出来，我就咽下去！"凭着这样的念头，我又喝了一瓶牛奶，吃了两包饼干，吃完之后，我静观其变。结果发现这根鱼刺变得"神出鬼没"，只是偶尔能感觉到它的存在。于是我勉强忍受着时有时无的鱼刺过完了一个下午。

到了第二天早晨，这根鱼刺又"顽固不化"地出现在我的喉咙里。那时我真想大吼一句："你存在，我深深的喉咙里，我的嘴里，我的心里，我的噩梦里！"咽一口水就痛，我紧张地拉着陈艺文说："我完蛋了！会不会怎么样啊……""哎呀，小刺而已，不会怎么样的！"她话音未落，数学课上课铃声就响起了。在上课之前，我已经吃了两包面包，正准备喝几口水。铃声一响，我一边咕咚咕咚吞下了三大口水，顺带着咳了一下。第一咳没什么感觉，第二咳又感觉到了那根鱼刺，第三咳感觉鱼刺快要出来了，再咳几声，就拿出那根已经弯曲了的、在我喉咙里寄宿了将近一天一夜的鱼刺。

我激动得无法言表，马上抽了张餐巾纸，小心翼翼地将这根鱼刺如同珍宝一般裹起来，攥在手心里。一下课立马到处炫耀，宣扬我的"英勇事迹"，过了一会儿，连知道情况的邓老师都看不下去了："好啦，你那根鱼刺还要……呵呵……"

鱼刺尽管细小，但它如果寄宿在你喉咙里，影响可就比鱼刺的"体形"大多了。同样，有些事情虽微小，影响却无比的大。这就是一根卡在我喉咙里刷新了寄宿纪录的小鱼刺给我的一个大启示。

乡村雨景

胡望潇

雨，对于城市中的人来说，是种麻烦：堵车，上下班不方便……但对乡村来说，却是一种美。

看，河面上泛起了一圈又一圈的涟漪，雨点不住地落着，落在浮萍上。河里的鱼儿也抑制不住自己激动的心情，时不时地拍打着水面，将头探出水面，似乎想瞅一瞅这雨中的乡村呢！河岸边的大树也从睡梦中醒来，树叶被风吹得"沙沙"响，似乎在为雨点打拍子呢！树林中，时不时传来几声鸟叫，让人神清气爽！

向东望，则是一片草地。牛羊都聚集在一起悠闲地漫谈。雨点轻轻地落在草上，青草似乎变得更加青翠鲜嫩了。牛羊吃得不亦乐乎，完全不在意飘洒在身上的轻轻雨点，还互相交谈着，称赞着青草的美味。放牧的大伯坐在草坪上，露出愉悦的表情，仿佛在看着自己的孩子玩耍！

　　西边的菜园，此刻也变得像星星一样闪耀了，连雨点都跟着他们变幻着颜色。落在辣椒上，就变成了火红的了；落在白菜上，就变成了翠绿的了；落在橘子上，就变成橘红的了。雨点，像一个又一个小精灵，在菜园里穿梭着，踩着鼓点，唱着歌。

　　北边的房子更美了。白墙红瓦，在朦朦胧胧的雨中，仿佛就是一副绝美的水墨画。房檐下的水顺着瓦，一滴一滴地落下来，"滴答，滴答……"雨点有节奏地唱起来。这声音时而清脆，时而沉重，完全不亚于一个流行歌手。屋内的老人们在品着茶，聊着天，小猫小狗乖巧地趴在地上。

　　一切都是那么美妙！房外的小朋友正撑着雨伞玩游戏，有的在跳房子，水溅得衣服裤子都湿了也毫不在乎；有的坐在台阶上聊天，时不时地哈哈大笑；还有的捡起几片叶子，轻轻地放到屋旁的小水沟里，仿佛这片叶子就是一艘大船，在一望无际的大海上航行，船上载满了孩子的欢笑……

　　乡村的雨就是这样，没有城市中汽车烦人的嘀嘀声，更没有喧闹声，到处都是安安静静的。除了偶尔从远处传来孩子的嬉戏声，老人们的聊天声以及牧人们的歌声。不过，我知道，那是朴素而又幸福的乡村生活。

再也没有

陈双弋

　　时光飞逝，万物变迁，童年一去不复返，姥太的番薯干也随之消失了，再也找不回来了。

　　每逢过年，我们家的食品盒中，总少不了番薯干。这些番薯干大多是从超市买来的。那些食物被精美的密封袋包着，包装上又画着一些小符号。妈妈有时会指着它们，说："看，老品牌，可贵了呢！"便拆开叫我先品尝。我尝了一包，很软，但是黏牙，味道是一流，可是怎么也吃不惯，没吃两包就不想吃了。它没有土壤的气息，味道不像姥太的番薯干那么纯朴，有一种浓浓的家乡气味。

　　记得小时候，姥太还健在。每当我坐在她的腿上时，姥太便掏出一包自制的番薯干，手在里面摸索着，一根根地捏过去，小心翼翼地取出一根软的，塞入我嘴里。在我的印象中，那是我吃过最美味的番薯干：软而不黏牙，甜味适中，有一股土壤的气味，和着乡村新鲜的空气，百鸟的鸣叫，嚼着就特别舒服。那时候，最喜欢吃姥太的番薯干，姥太也好似喜欢看我吃。每当我用力咀嚼时，她就咧着她那快没牙的嘴，看着我笑。她笑时，嘴角、眼角纷纷上翘，沧桑岁月在她脸上刻下的皱纹清晰可见，一道道的，就像那沟壑纵横、支离破碎的黄土高坡。她的嘴唇向里凹陷进去，时不时发出"哎——呵——呵"

的声音，眼睛几乎眯成了一条缝，白花花的银丝在太阳光下闪闪发光。

　　有几次，我没接住她给我的番薯干，番薯干掉在了地上，她皱了皱眉，叫了声"哎呀！"好似在责怪我。然后放下我，费了老大的劲儿站起来，佝着身子，慢慢地走了过去，弯下腰，捡起了它，拍了拍上面的灰，自己吃了下去，用她那快没牙的嘴嚼着，一副享受的样子，然后慢慢地走回来，慢慢地坐下，慢慢地抱起我，慢慢地喂我。那段时间，是我最快乐的一段时光。没有学习的压力，没有作业的负担，整天在乡下听鸟语，闻花香，吃着姥太的番薯干，快活如神仙。

　　可惜好景不长，我快上小学时，姥太去世了。在那之后，我再也没有吃过那样的番薯干，也再没有过那么快乐的生活了。

茶油飘香

黄　豆

　　周末，为了躲避雾霾，也为了增长见识，我随母亲一路颠簸来到了常山县新昌乡，观赏了中国"非遗"（非物质文化遗产）工艺——土榨山茶油。

　　"啊咿呀，哐！啊嘿呀，哐！嘿呀，哐！啊嘿，哐！"循着老榨夫有规律的哼唱以及木榨有节奏的撞击声音，我们飞奔向油坊。哦，油坊内最抢眼球的是那几件庞然大物：大石磨、大炒锅、大油榨。油坊内已有不少慕名而来的观看者，一位热心的老农给我们开始了介绍。

首先将石子般大小的山茶籽用大石磨碾碎成粉。圆盘形的石磨直径约三米，周围带着凹槽，凹槽里布有三个石磨盘，由三根木棍带动。大石磨以前用水带动，没水时用石杵打，现在则大都用电驱动。磨成粉后，只见一位老者，娴熟地将粉舀到竹筐里，而三个石磨盘又不夹到他，甚是奇妙，或许是熟能生巧吧。

接下来是筛粉，粉洋洋洒洒地从细孔中飘飞下来，映衬着阳光，如同水幕一般，却比水幕更细、更美。

筛粉后就放在大炒锅上炒，炒锅与外婆家中的并没有什么不同，只不过是斜置于灶台上，更便于翻炒和搬运。粉在锅里翻滚，已有香味丝丝入鼻，让人神清气爽。

接下来是蒸粉，将粉放入木桶蒸煮。期间，一位中年男子铺好三层铁圈，将一把稻草平铺其中，然后将桶内的茶籽粉倒置于铁圈内，双手麻利地抹平，用脚将两边的稻草捋进圈内，顺势压了压，拿走一上一下两个铁圈，一个茶饼即诞生。这般工艺让我咂舌不已。

最后是油榨。乍一看，油榨机就像是一根中空的大樟树横卧于此，其实是用粗壮的木头制成中空的长方体。茶饼排列放置中空左边部分，紧接着在右边放置木楔子，最后两块楔子头细尾粗，粗的那端套上厚实的铁皮。接着用吊在屋梁上的杵击打带铁皮的楔子，一点一点地压榨着茶饼。老榨夫是一位精干瘦削的老人，但是当他舞起撞击杵击打时，就像蛟龙再现：那手法，一拉一转一推一撞；那脚法，一退一拐一刹一进，一气呵成，就如同龙骧虎步，但又不失章法。我心神一震，这技术，几分武艺！几分神功！母亲和另一行人也依样画葫芦打了一番，都不及老榨夫厉害。"油！油！"顺着叫声，我看到晶莹透亮的茶油从一个小凹槽中汩汩流出，绵绵不绝。真香啊！香味里浸透着老农们辛勤的汗水，流淌着茶坊百年的历史传承！

暮色渐浓，驱车返程。油香还在身边弥漫，老者的哼唱还在耳边萦绕……

甘蔗梢头

外婆的家常小炒

郑霈琦

从小到大，我都是跟着外婆一起生活的。记得小时候，外公接我从幼儿园回家，刚打开家门，便能闻到一阵阵菜香。这好像刺激了我的味蕾，使我每次吃饭不由得胃口大开，我总是迷恋着这种香气，因为这使我感到很温暖。还因为，这是外婆的家常小炒。

外婆的家常小炒，是简单的，健康的。外婆最喜欢炒青菜，因为那是我最爱吃的。印着浅蓝色花纹的盘子盛着刚刚出锅的青菜。片片绿之中，还能见着些许红色，那是用辣椒做点缀，尽管只是盘青菜，但是色、香、味俱全。

可是，外婆学的并不是厨师专业，所以做出来的菜也不是那么品种多样。况且，现在的人对于吃的观念，并不是停留在吃饱，而是吃好、吃新鲜。几次和爸爸、妈妈一起出去吃饭，我已潜移默化地接受了这个观点。每当放学回外婆家吃饭，看着桌子上的菜和昨天的菜是一样的，本来我的肚子饿得咕咕叫，可是看了桌上的菜后，不禁觉得好像饱了，草草吃了几口，就放下了筷子。我开始厌倦起外婆的家常小炒了。

暑假里，为了提高英语水平，我参加了上海新东方的英语夏令营活动，一去就是九天。我很开心，一方面是为了可以参加夏令营来提高自己的英语水平，还有一个原因，就是可以连着九天不用吃外婆的家常小炒了。

终于开始了我期待已久的夏令营了。上了一早上的课，总算可以奔去食堂了。我面前的食堂高大、华丽、干净，只需看一眼，就刺激到了我的味蕾，我领了餐盘，开始选择我要的菜。"空心菜、鱼、西红柿蛋汤。"两菜一汤静静地躺在餐盘中，在灯光的映衬下，极具有诱惑力，依次品尝后，我感叹道："好吃，味道不错，就是比家里的好！"

可是接下来几天的伙食就让我可纠结了，青菜变得淡而无味或者咸得有些苦涩，那红烧肉只看见肥肉，油占了三分之二，我有些没胃口了。呆呆地看着盘中的菜，我不禁想起外婆的家常小炒，油不多不少，红烧肉总是瘦肉居多，咸淡也刚刚好，吃起来不油不腻，鲜香可口。唉，我能早点儿回家吗？

终于回家了，到家快傍晚了，外婆早就做好一桌子的菜等我了，我拿起筷子夹起一大口菜送进嘴里，慢慢地闭上眼睛，享受着外婆的厨艺。此刻，我觉得外婆的家常小炒真是最美妙无比的，没有多得令人眼花缭乱的调料，没有过多的盐和油，只是用心买菜、洗菜、炒菜，还原了菜本身最美的味道。菜本就是朴素的、简单的，来自大自然田园中，不需要精美的盘子，不需要过多的调料，只需外婆认真烧菜的态度和对我的关怀之心，就可以释放出菜本身最美的味道了。我想这是在别的地方吃不到的，也是感受不到的。

经过这次外出经历，外婆的家常小炒让我深切感受到：正是因为外婆在我成长过程中所付出的努力和悉心的照料，才能有现在这样一个健健康康的我，是啊，这包含了温暖和亲情的家常小炒，能不好吃吗？

我和图书有个约会

曾徐奕旻

书，是我人生中的一盏灯；书，是饥饿时的丰盛晚餐；书，是我的良友益师；同时，书更是我人生中一位离不开的伴侣。

时间：早晨　地点：床

一阵"窸窸窣窣"后，我小心翼翼地坐了起来，生怕惊扰到隔壁的两位"圣尊"。我拿起早就预备好的一本书——《哈利·波特》。我翻着书页，贪婪地读着，内心充满了兴奋，又带着点儿紧张。我又用余光瞟了瞟那扇关着的房门，终于松了口气。

"咯咯"，我立马竖起耳朵，一边听一边揣摩着这是什么声音。突然间，我反应过来，这是老爸起床的节奏啊！"啪"，我把书往床边一放，立刻钻到被窝里，装出一副睡得正熟的样子，还故意把嘴张开。

"起床了！"老爸走进我的房间对我唤道。早就醒了的我，却又故意伸了个懒腰。这会儿，我和书的第一次约会就结束了。

时间：中午　地点：教室里

午休是最让我向往的时间段，在午休时，我有一个小时的时间与它"约会"。从天文聊到地理，从古代聊到现代，从国外聊到国内……无话不说，我反正有的是时间。我一会儿与它一起用魔法打"伏地魔"，一会儿和它一起出海远航，一会儿和它走回到远古时代……我与它一齐陶醉其中，乐此不疲。铃声响起了，我和图书的"约会"也随之结束。"约会"结束了，可我的心情却久久无法平静，脸上灿烂的笑容怎么也无法抹去。开心和兴奋，渐渐在我的心底开出了花。

时间：晚上　地点：阳台

晚上，早就在床上按捺不住的我，看见父母的灯灭了，立马开始了"行动"。我踮着脚尖，蹑手蹑脚地走向阳台，希望能在那儿找到些光线。我的脸上交杂着两种情绪——担忧和激动。我将窗帘拉了又拉，罩在自己身上，贪婪地吮吸着书中的字，贪婪地闻着书本发出的阵阵墨香。那一刻，世界仿佛停止了，只有我和我的"伴侣"——书。而我好像在茫茫的知识大海中畅游着。

时间也许过了很久，也许很短，我悄悄地又爬回了被窝里，慢慢地进入了梦乡，梦中我与我的书手拉着手，一起迈向未来，共度一生的时光。

同桌找笔帽记

刘祝娴

尽管这件事情已经过去很久了，但每当我想起它的时候，嘴角都会忍不住上扬。事情发生在一个明媚的午后……

"章程出去啦！"吴文欣给我通风报信。我会意，悄悄把同桌章程的铅笔盒拿出来。从他铅笔盒里拿出他唯一的一支笔，打开笔盖，拧掉笔帽，然后又把笔盖重新盖上，把笔帽藏在手心中。"章程回来了！"徐逸秋把他观察到的情况汇报给我。我连忙把章程的铅笔盒放进他的抽屉，原封不动把他的桌盖盖上，装作若无其事的样子继续看书。

章程把外套一脱，坐在座位上准备订正作业。我悄悄瞥了章程一眼，只见他慢慢地把铅笔盒打开，如往常一般拿出水笔，我不动声色地隐藏着。章程打开笔盖，大叫一声："咦？我的笔帽呢？"说罢，他便开始翻箱倒柜地找了起来。他打开铅笔盒，目光急切地寻找着，边找边自言自语道："怎么会没有呢？"章程急得像热锅上的蚂蚁。我在旁边偷笑着，心想：哈哈！臭章程，让你体验一下心急如焚是什么感觉！嘿嘿嘿嘿。

章程找了许久，仍然不见笔帽的踪影。突然，他把目光锁定了我，对我说："刘祝娴，不会是你把我的笔帽拿去了吧！"他极度怀疑的眼神看得我毛骨悚然,我装冤枉:"谁拿你的笔帽了,你少诬赖我,小心我告你诽谤。"章程听了我这话,还是有些怀疑,为了证明我的"清白",我对章程说:"你要是还不信的话,搜啊!"章程看了看我的口袋,空的;又翻了我的铅笔盒和抽屉,结果仍是一样;最后,他让我把手摊开,我乖乖地把没藏笔帽的那只手给摊开,空空如也。他又让我把另一手摊开,我心里一惊,大喊不妙,突然,计上心头——调虎离山!我向徐逸秋使了个眼色,她立马懂了。徐逸秋把章程拉到了一边,我立刻以迅雷不及掩耳之势把笔帽扔进他的铅笔盒里,然后赶紧恢复原来的样子,搞定!

　　章程再一次回来了,我不怀好意地对章程说:"会不会在铅笔盒里啊?"章程一脸肯定地说:"不会的,我前面就已经找过了,翻了个底朝天,愣是没找着,估计是哪个白痴给我拿去了。"我在心里臭骂道:你才白痴咧!忍住心中的怒气,死命挤出个笑脸对他说:"怎么会!我想应该在铅笔盒里吧,相信我,我的第六感一般都很准确。"于是,我便把章程的铅笔盒拿来,装作认真地找起来:"你看!我说在这里吧!"章程看到他"久违"的笔帽,仿佛宝贝失而复得一般,赶忙把笔帽装回笔上。可是,他的脸上分明带着疑惑。我猜他的心里肯定在想:怎么会这样呢?我明明找过了呀!他满脸的疑惑不解使我的怒气烟消云散,在一旁看得哈哈大笑。

　　事情已过去好久了,虽然我现在已经不跟他在一个班了,可和他同桌的那段日子,仍深深印在我的脑海中。他丢东西时那"无头苍蝇"一般的神情,让我记忆犹新……

黄　昏

江凯宁

　　车水马龙，高楼大厦，一声声刺耳的杂音，打破了原本属于黄昏的安宁。我独自一人俯身在窗前，静静地观看被夕阳吞噬的城市。

　　我喜欢黄昏，她像色彩不分明的油彩，在明暗间勾勒出她那饱和的线条。天边的那轮夕阳洒出柔和的光，温柔地拂过面庞，轻轻地打过眼睑。闭上眼，也有种让人默笑的感觉。

　　双眼迷离地望着夕阳，夕阳也会用同样迷离的目光望着我。她不会像骄阳那样射出强盛的光线肆意烧灼你的眼睛，她只会将柔和的光线斜放在你的眼睑上，柔美又醉心。不自觉变得恍惚了，心便想跟她一起走。

　　街间的杂音渐渐被屏蔽，楼下的小院显得愈发安静平和，只有树间两三只蹦跳的小鸟让人感到时间的流逝。楼边的杉树林被夕阳镀上一层金黄，在风中略笨拙地摇动身子。浮云随风飘远，直到与天尽头的晚霞融为一体，留下一道淡而模糊不清的痕迹。

　　楼下的老妈妈们也聚到了一起，树下的小亭中坐了些闲聊谈笑的人，几杯热茶，一盘落花生，便可畅谈生活中的琐事许久。孩子们也不再沉闷，坐在柔软的草地上，对着夕阳，吟着快乐的歌谣。

　　黄昏就像一首诗，一支歌，一篇童话。它美到无法用言语表达，

我也只能用贫乏的词汇赞叹几番。

黄昏就像一个回眸的姑娘，对着大地神秘一笑，便带上时间的包袱。它走之后，世界便一片黑暗。

以牙还牙

陈彦汝

"铃——"上课了，许多男生都踏着上课铃走进教室，潇洒地甩着刚洗过的还是湿漉漉的手，回到座位上。而靠门坐的丰渡，显然是个"受害者"，每当这个时候，他都会受到水的"洗礼"，桌上、身上全被甩上了水。这还不够！更有两个过分者——小郑和小华。他们俩每次进教室，小郑总是双手合十，假装不小心往丰渡那儿猛地一甩，趁丰渡还没发火，便装无辜，用诚恳的目光看着丰渡："对不起，对不起，我不是故意的！"丰渡见他那副诚恳样，便忍着怒火，心不甘情不愿地放他过去。

如果说小郑的办法不高，那小华真乃高人也，连丰渡都没发觉。

小华先将丰渡拉了出来，目光真诚，郑重其事地看着他，双手在他的双肩上来回滚动，擦干了双手后，又在他肩膀上猛地一拍，说道："丰渡，我的朋友！"然后还郑重地点了点头，走了。我们周围的人看到丰渡双肩湿漉漉的，都哈哈大笑。只有丰渡还被蒙在鼓里，还转过身来对我们说："看吧，我又交到了一个新朋友！哈哈！"

可是，好景不长。一次偶然，小华摸到了他的双肩，丰渡发现是湿漉漉的，瞬间明白了。他恼羞成怒，大喝一声："我怎么能吃这样的亏！我的衣服是擦手布吗？不行，我一定要以牙还牙！"他想了一个午休，终于想到一个"三全其美"的办法。

下课后，丰渡先去洗了手，然后大摇大摆，潇洒地绕教室走了一圈，把曾经向他甩过水的男生，统统"甩"了一次，只见他微微眯着眼睛，不时摇晃一下脑袋，身子不停地抖啊抖，两根火柴般细的胳膊不停地甩，甩得那些男生连连求饶，享受极了。

这还不够！丰渡似乎"甩"上瘾了，他又去洗了一次手，走进教室，恰好看到小郑和小华津津有味地在聊天，真是天助也！他连忙用小郑的"方式"，双手合十，假装不小心，向小郑猛地一甩。甩掉手中一半水后，他又转了个身，面向小华。他稍微踮了踮脚，将手放在他的肩上，来回猛擦，擦干后，目光深邃，缓慢点头，猛地一拍，说道："小华，你真是我的——"他顿了顿又猛拍了三下，说道，"好朋友！"

那俩人看着身上、肩上的水，恼羞成怒，却又无可奈何——谁让他们以前耍过他呀，现在被以牙还牙，怨谁呢？丰渡则哈哈大笑，仿佛在说："哼！爷我个子不高，智商可高着呢！想占我便宜？没门儿！"

我最喜爱的一本书

祝永康

曾经，我喜欢《笑猫日记》，缠着妈妈买了整个系列；曾经，我喜欢动物小说，沈石溪的作品堆满床头；曾经，我喜欢曹文轩的作品，《草房子》《根鸟》等排满书架；曾经，我又爱上了漫画，《知音漫客》期期不落……但是随着年龄的增长，它们都成了过去式。只有《哈利·波特》一直陪我到今天。虽然它被列为学生阅读的"毒草书目"，但我却百读不厌，受益匪浅。

初读《哈利·波特》，我陶醉于它精彩的故事情节。厚厚的七大本书，让我沉迷其中，流连忘返。有时睡前没看完一个章节，第二天就会提前半小时起床看书。还记得有一章，哈利带着罗恩和赫敏冲进古灵阁拿霍格沃茨学院的宝物，返回途中，不料却被妖精发现，叫来黑巫师抓哈利他们。读到这里，我的心一下子揪了起来，怦怦直跳，祈祷哈利没事。直到读到哈利等人跨上古灵阁的巨龙一下子飞起来的时候，我才松了一口气，攥紧拳头，心想：太好了，他们终于安全了。书中类似的情节有很多，每每带领着我和哈利一起冒险、一起担忧、一起快乐。

再读《哈利·波特》，佩服于哈利的勇敢、同伴间的团结。故事中的哈利在每一部里都会和坏人展开殊死较量，每一次都力挽狂澜，成功脱险。哈利的本领又不强，是什么让他一次又一次化险为夷的呢？我想是勇气，是勇气让他一次次做出常人不敢做的事。哈利不仅自己勇敢，他还能鼓励同伴，和同伴团结起来，与坏人做斗争。印象最深的是第五部的一个故事：哈利和他的同伴被黑巫师骗入了魔法部的神秘事务司，很多黑巫师都冲过来抓哈利，可是哈利毫不畏惧，和同伴团结起来，勇敢地面对那些恶毒的咒语，一直挺到了援军的到来。读了这个章节，我知道面对困境，一定要勇敢，自己的力量不够时，要学会团结同伴，靠众人的力量，渡过难关。

《哈利·波特》中还包含丰富的地理知识。它让我这个"地理文盲"知道：新西兰是一个岛国，英国其实很小，埃及在非洲面积不大，印度在亚洲国土面积还挺大，智利在南美洲是长条形的……妙趣横生的故事中时不时穿插的地理知识，增长了我的见识，激发了我对地理的兴趣。读完这套书后，我再也不会在大家讨论地理时，被看作"外星人"了，同时也为初中的地理，打下了一定的基础。

我一次又一次地阅读《哈利·波特》，至今已读了七八次。不仅因为它的内容精彩，更因为它让我学到了知识，也明白了做人处事要勇敢团结的道理。我会继续读下去，希望能读出更多的内涵！

那属于我的童话魂

陈文心

世上的名著很多，《西游记》奇幻有趣，《水浒传》扣人心弦，《鲁滨孙漂流记》充满了冒险的气息，而《巴黎圣母院》则让人回味无穷。如果说每一本书都蕴含着它们特有的灵魂的话，那么，我最爱的那本书，一定有着世间最童真、最温柔、最坚毅的灵魂。

我最爱的那本书在我还不会说话的时候便已走进了我的内心。记忆里，每逢夜晚，我必要听一听这书上的故事，才能安稳入睡。那一段段文字如被施了魔法般地浸染着我，以至于我刚会说话不久，便能含糊地说出那书上人物的名字。

上了小学后，那书成了我们的必读书目之一，这正中我下怀。回到家后，我毫不费劲地找到了那本书，在拼音的辅助下一个字一个字地读起来。读着读着，我的眼睛不觉湿润了——啊！那公主真可怜，被巫婆施咒要沉睡一百年，一百年的时间里，虽然她毫无意识，但一百年之后，当她醒来时，发现周围的一切都早已变得陌生，她该有多害怕啊！不过，如果不是她父母的疏忽，她也不会落得这个下场。我想：我一定不能像他们一样。从这以后，我待人似乎都比平时要亲和一些，就算对待自己不喜欢的人，也会强装得和和气气，生怕他记恨我，甚至到了有求必应的地步。因为这点，我的人缘特别好。那时的我，更坚信那书上的因果道理，虽然有时会让我犯傻，但更多的是教会了我很多做人的道理。

　　大了一点儿的时候，老师让我们演舞台剧，正巧，正好是这本书上的一段故事。因为人缘好，我获得了女主角的角色，不过，这也给了我莫大的压力。我演的那个角色的命运很悲惨，父母双亡，每天有做不完的活在等待着她。而我在家里也只是偶尔才干干家务，怎能演绎好她那种身处逆境却不轻言放弃的倔强，怎能表达出当命运女神眷顾她时的欣喜和坚定呢？所以，从接到这任务之后，我便开始努力起来，每一个动作，每一句台词，每一个表情，我都不遗余力地将它做到最好，虽然很累，但我不会放弃，毕竟那故事中的主角不也坚持下来了吗？更何况，这是我最喜欢的书中的故事，无论如何我都不会随便应付。当观众掌声响起的一刹那，一股暖流从我心中喷涌而出。我最爱的这本书，又一次让我领略到了人生的真谛。

　　直到现在，这本书依旧伴随着我。我时不时会再次翻开它来，看看书中的故事，书中的人，思索这本书带给我的人生财富。能有这本书伴我成长，教我道理，与我为师，与我为友，应是人生中最美的邂逅吧！

　　我最喜欢的那本书，只属于我的美丽的童话——《格林童话》。我会铭记，用心铭记你那纯洁柔弱却又倔强的灵魂。

亲爱的你

戴亦凡

亲爱的我：

　　你好！

　　匆匆岁月正将你悄悄地改变，让我措手不及。逝去的光阴太遥远，记忆在失忆面前就像个侏儒。那些我们曾经历过的童年回忆，携手描写下的青春页码和幻想过无数次的美好未来。光阴荏苒，咱们是时候该好好谈谈了。

　　2002年是一切的开始，当你呱呱坠地时，那一声嘹亮的啼哭不知触动了这个家族多少人心里柔软的牵挂，你的成长渐渐成为大家生活中那一抹亮丽的颜色。

　　童年的色彩在如今的生活中快速地褪去，依靠的只是那段温馨长久的记忆，那段记载着过去的你的亲切回忆。

　　儿时的你，多么娇小，多么幼稚，却也幸福得一塌糊涂。你不爱说话，却有一双善于观察的眼睛和一双灵巧无比的手。这双手曾经绘出过炽热的太阳和美丽的大自然，也勾勒过朋友的笑颊与老师生气时严肃又让人忍俊不禁的神情。它仿佛无所不能，可以记录下世间万物的每个美丽瞬间。而那双曾饱览过祖国大好河山的眼睛，也是美的来源，它曾经目睹过一碧如洗的蓝天，曾经吮吸过纯净的雨露中反射出的五彩斑斓的光，这目光也曾经随着猛烈的瀑布倾泻而下，曾赶在黎明之前，与窥视大地的太阳的目光对视。亲爱的你要记住，眼和手，是你永远的朋友。

然而儿时的你却又是多么悠闲，我喜欢看着照片上的你舔着亮晶晶的糖果躺在柔软的草地上，嘴角满足又惬意地向上一翘，任何烦恼都与你无关。微风拂过你的额头，轻轻地撩动你的头发，还有挂在树梢左右摆动的风筝，多么美妙的时刻。

当然，时间依然会在不经意间滑走，你的个头也在不断地长高，背上的书包日益加重，你越来越想走进这个新鲜却又充满挑战的世界。渐渐地，你开始厌倦父母无休止的唠叨，开始拥有自己的主见，并且渴望与追求自己想要的生活，你真的悄无声息地长大了。

从生机勃勃的南校区跨进漾着绿波的北校区，正如冰心所说："年轻人，请珍重描写罢，时间正翻着书页，请你着笔！"

随着生活的变化，功课的加重，考试的增多，我再也无暇顾及你的变化，日子默默地流淌着，我们也默默地等着对方长大。人生的道路还长着呢！切莫虚度了光阴，亲爱的你就等着我长大吧，我可是一只潜力股哦！

说了这么多，也累得够呛，看我接下来的行动吧！

最后祝你梦想成真！

你自己

太空漂泊历险记

陈方飞扬

22世纪航天科技高速发展，太空旅行成为时尚。

我是一位机械师，2111年，我有幸到太空旅游，原本顺利的行程，却因飞船的一点儿故障，让这趟行程变得险象环生……

我坐上布莱登K01飞船起飞——这是艘舒适且操作简便的单人驾驶飞船，里面备有一个月的压缩干粮和水，以及六十天量的压缩氧，唯一不足的是，驾驶舱不是全景的，只能看到一侧的景物。

我的目标是去月球观光，本来顺利的行程，我却突然发现喷火器再也喷不出火——飞船原来一直在漏油！我简直把肠子都悔青了，我为什么不在陆地上检查一下飞船就起飞了呢？

——作为机械师，这实在太不应该了。

我将为我的粗心付出永生难忘的代价。

现在，飞船在大气层边缘，并且将会开始像千千万万卫星一样，永远绕着地球旋转，并且驾驶舱背对地球，我只能看着孤寂的太阳或月亮，以及无边的夜。灰暗的心，已在太空漂泊。

好在空气不用发愁，我把气体交换管发射到近在眼前的大气层中。

可水和干粮，剩二十八天。

我立即发射了求救信号，寻求帮助。

第二天，我发现飞船已经绕地球转得很快了，因为我二十四小时连续看了三次日出。

第三天，计算机显示有人收到了我的求救信号，我欣喜若狂。

第五天，我收到了回复："请定位，我马上来救你。"我刚想回复，突然心咯噔一下：定位？我一直绕着地球转啊！而且我的驾驶舱背对地球，我只能看到茫茫星空——如何定位？

好在我是机械师，好在我带了一箱杂七杂八的电路元件，我开始造定位仪，一直造到第十天夜晚，终于完工，准备洗洗睡了明天再说，却又出事了。

并没发生什么好事。第十天，在睡梦中，飞船撞上了太空碎片。惊得我穿着内裤就抽身下床。好险，碎片没把飞船撞漏气，但受伤的飞船彻底偏离了航向——驾驶舱被撞得面向地球，但是，我却看到地球离飞船越来越远……

更讽刺的是，刚刚搞好的定位仪暂时又没用了——飞船发射天线被撞飞了。

现在，定位仪只能接收信号，并不能发出信号，惨！

离远点儿就远点儿吧！照样回不了家——不好！在危险告急指示灯下，我立刻把气体交换管收了回来——完了，我永远脱离了大气层！更可怕的是，由于未及时收回交换管，气体漏出了不知多少！

第十一天，月球进入我视野，然后义无反顾地离我远去。打开定位仪，照目前形势粗略计算了一下：离食物和水用完还剩十九天，离空气用完还剩八天（晚把交换管收回来一分钟，哎……），离脱离地球引力还剩……

三小时！

糟糕！一定有什么办法！我又列出我其他的物品清单——

电路元件若干（散件，很多，造定位仪就用这些。）

两本杂志（……）

两节干电池（1.5V，根本启动不了飞船。）

……

……降落伞（……有了！）

我发射了降落伞。但是，降落伞没有任何作用，我恍然大悟，但也无计可施。

三小时后，我彻底迷失在太空中。

第十三天，进入火星引力区。

火星的引力显然不足以使急速运行的飞船改变航向，不久我就飞离火星引力区。

第十四天，进入小行星带——什么？！

我只有抱着侥幸心理——千万别撞上小行星。

小的，大的，奇形怪状的小行星呼呼飞过，令人胆战心惊。

侥幸毕竟是不靠谱的，一个庞大恐怖的小行星正在飞向面如土色的我，凭我多年的机械物理学的直觉来看，它没理由不撞上飞船！于是终于撞上了——他从我头顶上向后飞去——降落伞。

前途未卜，但总算又一次保住了命。

显然，或许我低估了PC帆布降落伞的质量，又或许高估了小行星的威力，不过，可以确定的一点是，这颗小行星正以高速带着我的飞船，绕着太阳转动。

一个好消息：小行星阻止了我飞出太阳系。

一个坏消息：我又将永远转下去，而离氧气用完还有四天时间。

我心如死灰地等了三天，看到一个熟悉的星体掠过——那不是火星吗？

再看看前方，一个蓝绿色的暗点儿。

这不可能，我打开定位仪，上面显示：立即进入地球大气层！

我把三天前撞上小行星的过程演算了一遍，才突然明白——原来，小行星使我的飞船改变航向时，飞船也迫使小行星改变航向，然后，我们一同飞往地球——运气实在太好了！

问题解决了，而且，庞大的小行星可以产生一定引力，会使飞向我的太空碎片改变航向，使我的飞船不再受到太空碎片袭击……

太空碎片？！噢，不！

离进入大气层还有二十分钟。

是什么让我如此惊慌呢？原来，我那高级的飞船本可以承受落入大气层的高温，可在撞上太空碎片后，飞船的表面防高温涂层就被砸了个缺口。虽是小小的一个缺口，但若高速坠入大气层，后果不堪设想。

我埋怨自己，如果在之前就周密地做一次运算，而不是理所当然地等死，也不至于临时抱佛脚。眼下一条活路，却被我走死了。

怎么办呢？有两条路，都是绝路：

第一条，抛弃降落伞，摆脱小行星，然后被太空碎片打成马蜂窝。

第二条，什么也不做，然后被高温烧成灰。

都是要死的，就别忙活了，我选了第二条路。

接着，进入大气层。

意想不到的事发生了，小行星先进入大气层，在高温下顷刻间四分五裂，碎块从降落伞旁漏了出去，这小行星估计质量很不好。但不管怎么说，我也用不着管它——我也快没命了！

我也随之进入大气层，绝望中，我并没感受到灼热的高温，睁开眼，我发现，虽然我在下降，可速度似乎很慢。抬头一看，我才长吁一口气——我的PC帆布的、高质量的降落伞不知啥时跑到了飞船后，竟还在顽强地行使着它的使命，正慢慢地带我往下降。

接着的事不用说了，我降落到了冰岛，被当地居民救起。

这次太空漂泊历险，上天给了我足够的好运，多次死里逃生，我每每想起，都一身冷汗，这也终于让我明白了当机械师必须做到主动，周密，严谨。

我永生难忘，我刻骨铭心，奋斗重新开始……

家　乡

汪　烨

我出生在衢州一个不出名的小乡村中，那儿便是我的家乡。我的家乡很小，很小，小到整个村子只有不到十户人家。但正是这么小的家乡却让我念念不忘，让我无限陶醉，陶醉于家乡的一草一木。

衢州向来多丘陵，我的家乡自然也不例外。小村庄为一些小丘陵所环抱。虽构不成老舍先生笔下济南那样美好的风光，但在我看来却别具一番韵味。自我记忆初始，村里的人几乎每家每户都种橘子树，那漫山遍野的、郁郁葱葱的橘子树不知给我们带来多少的喜悦。春天，山涧中的细流，草地上不知名的小花与满山刚抽出嫩绿新芽的橘子树在一起，构成了一幅不晓得有多么美的画，让人沉醉其中，陶醉于家乡的风土人情。

或许是得益于村庄小的缘故吧，整个村庄像是一个大家庭，同龄的小伙伴之间更是情同兄弟姐妹。记得小时候和村里的小伙伴们轮流给每家每户的妇人打水，那个时候村里还没通自来水，用的多是从井里压出来的井水，往往是一个人压累了，另一个人便立马接过。偶尔水从脸盆里溅出来一些，那冬暖夏凉的井水只会惹来一群孩子的欢

声笑语。而且每帮一户人家打好水就可以得到馈赠的美食，往往每天清晨绕整个村庄一圈之后，我们一行人的早饭也就解决了。那时候的我，约莫是整个队伍里最小的孩子了，不仅同行的哥哥姐姐会帮着我一起压水，那些面带笑容的妇人也会偶尔给我开个"小灶"，或是一杯热腾腾的豆浆，或是一个新鲜的野果，诸如此类的，现在想来那时的早饭真是格外好吃，即使是累得满头大汗也仍旧让我乐此不疲。

有时即使是一家的父母外出有事，孩子也不用担心，这个时候甚至会是孩子最开心的时候，不仅一日三餐都会被邀请到不同的家里吃，还可以整天和要好的伙伴待在一起。夏天的时候或是趁着大人休憩时去抓知了，或是傍晚时蹚着小溪抓鱼虾……

哦，家乡啊！我已经陶醉在对你的痴想中了……

寂寥光芒

  远处的行星却发出寂寥的光,孤独地空守着那片只属于他的天空,自己仿佛也是一颗星,与那寂寥的行星一起,在那浩瀚的宇宙的长河中前行,周围有无数耀眼的光伴随着我们,不孤单,不寂寞。

  可曾想过,日这么耀眼的事物,之所以耀眼,是它在背后拼命努力的结果,它无时无刻地散发着光芒,所谓燃烧自己,照亮别人。

直面死亡

葛 腾

  在生命最蒸蒸日上、最充盈的时刻，我开始想象它会以怎样的方式凋零，怎样结束……对于小时候的我而言，是体会不到"死亡"这个词的震慑力的，还天真地认为每天都一样，都能高高兴兴上学，开开心心回家，但在逐渐成熟、长大之后，才发现原来"死亡"这个东西，并不是我所想的这么简单。

  "死"是一种怎样的感觉？死去的人并没有办法诉说，活着的人却又一无所知，谁也不能给我一个准确的答案，只是在不断地猜测；有时想着想着便会突然恐惧起来，不知该不该思考下去。

  我很迷惘，仿佛一个人行走在漆黑的夜里，伸手不见五指。在这之后的日子里，我都尽量让自己变得忙一些，不去想这些事，可是越不去想印象偏偏越深，无论什么办法都无法忘却。我丰富的想象力甚至将它包装成一个富有神秘色彩的问题，放下恐惧，怀着强烈的好奇心，我开始真正意义上的去面对、思考死亡。

  夏天的一个午夜，群星璀璨，夜空中浮现一个个星河，我打开窗户，欣赏着难得的美景。心中忽然一惊，如果将整个银河看作是所有生命和时间的集成体，就算我是其中一颗行星，在这茫茫宇宙中，也毫不起眼，仿佛沙粒一般，更何况人类？我感叹人的渺小，就算做出很大贡献的伟人，直到现在也只有一部分名垂青史、流芳百世。他们生前所做的，使人们铭记于心；而我，一个普通的初中生，我并没有立志成为伟人，我应该做的，就是在活着的时候努力向上，活出自己，仅此而已。

从那之后我便明白了：一个人，怎么死，什么时候死，并不重要，重要的是你在活着的时候是怎么做的。有的人，他的生命历程也许才刚刚开始，拥有大把大把的时间；有的人却所剩无几。至于死亡，有开始必定有终结，所以不用太害怕，这可能还是你通往"新世界"的一条隧道呢！

现在，我依旧不停地思考，而且非常相信伟大诗人纪伯伦所说的——当你解答了一切生命的奥秘，你就渴望死亡，因为它不过是生命的另一种奥秘……

我的好老师

姚 可

学习生涯中会遇到很多很多的老师，若能遇到真正适合自己的好老师，是幸运至极的。我有一位好老师，她有一张大大的脸和一双深邃的眼睛，犀利的目光经常透过黑色的眼镜射在我们身上。她有一头干净利落的短发，凸显出她的刚毅。她的腰板始终挺得笔直，一身旗袍，一双高跟鞋更凸显出她的自信。

她不是一个爱哭哭啼啼的女人，她似乎怎么也打不倒。虽然她恨极了我们为班级抹黑,但她不会痛斥我们,但她会警告我们,提醒我们。上个星期,我们班被扣了0.7分。这种情况下,她却并没有大动肝火,只是略带凶狠地说了一句话:"下星期敢扣一分,新账旧账一起算。"她天天检查班级卫生,早、中、晚,一次不落。她自习课永远坐在班里监督纪律,她会提醒值日生、值日班长一起监督。她个子不高,却撑起了一片天。

她说她是一个称职的老师却不是一个称职的妈妈。她的儿子因为她经常不在家,所以常到我们学校上晚自习。有时作业做着做着,就趴在桌子上睡着了。说到这儿,她情绪激动,眼里迸发出泪花,良久才开了口:"我不是个称职的妈妈。"那是我第一次见她哭。

她有些小小的自恋,会孩子气地和我们讲话,但她不会自大,她会勇敢地向我们承认错误。印象很深刻,开学时期的方阵比赛,我们发挥很出色。但走到主席台面前时,她因为紧张犯了个错误。本应该直接退场,可她竟然喊了个立正。一时间,大家都愣住了。后面班级的队伍慢慢逼近,她这才如梦初醒般大手一挥,示意我们退场。回到班级后,我以为她会把这件事情压下去,不让别人提起她的失误。可她竟然诚恳地向我们道歉:"对不起,今天我指挥错误。如果我们班拿了第二,就怪我头上。"说罢,她诚恳地向我们鞠了一躬。也许,那时我就觉得这个老师与众不同了吧。

她是语文老师,语文功底够硬、够深。上课时,成语、谚语、歇后语,信手拈来;她又是我们的班主任,办事效率、做事方法令人惊叹;她,还是年级组长,带领整个年级走向辉煌。

她亦刚亦柔,有文化底蕴,有领导风范,一切的一切,让我喜欢上她——我们的老师——陈老师。

我们的老师是只猫

严郑灵

都说齐天大圣有七十二变，而我们的社会老师，既不是什么孙悟空，也不是什么妖魔鬼怪，却也有七十二变的本领。

上晚自习的同学都说：杨老师是一只厉害的猫。每天晚上，我们都要晚读，有时候老师没来，一些调皮捣蛋的同学，不想服从管教，而是想着大闹天宫了，有说话的，有打闹的，有做作业的，有看热闹的，可是如果遇上杨老师他们的计划就会泡汤了。首先杨老师会上台演讲一番："你们都复习好了吗？英语能考一百分了吗？别人都在拼命冲刺，你们在干吗？……"倘若这番演讲过后还有人不服，那么杨老师就会让我们排成一列纵队，去别的班转转，调皮的同学便不再闹了，开始认认真真地晚读。

住校的女生都说：杨老师是一只狡猾的猫。俗话说得好，晚上不说话的女生都是非人类，毕竟大家白天都忙得很，晚上聊聊天也是挺正常的。可是身为寝室长的我总不能带头说话吧？于是我想了一个"好办法"——打手语。于是，我们寝室在熄灯后总是一片安静，却总有一两声怪笑出现，这是被我们自创的手语给逗的。当然了一边打手语一边做事肯定很慢，于是往往已经九点了，我们还在忙着整理东西。不想，杨老师每天都在这个时候来，谁能想到杨老师会那么晚来呢？于是每周一的罚跑便成了我们的家常便饭。

上社会课时，大家都说：杨老师是一只聪明的猫。只要给杨老师一根教鞭，一本社会书，她就能把课上得津津有味，地图上无论多小的一个地方，杨老师都能叫出来，还常常给我们补充课外知识。

我说：杨老师是一只粗心的猫。身为社会课代表，我常常看见杨老师四处寻找东西，虽然杨老师的抽屉、桌子都收拾得井井有条，但是杨老师的东西实在是太多了，一本叠着一本，因此我们很难找到杨老师的东西。

总之，杨老师是一只好猫，是一只多变的猫，这样一个活泼可爱又严肃的老师，谁会不喜欢？

我喜欢的一位老师

郑圣瀚

"咚、咚"，伴随着脚步声的接近，我们心都提到了嗓心眼。是啊！面对学习生涯中仅有的几位男老师，谁不紧张呢！

教室里静极了，时不时传出几阵同学的呼吸声。"铛！"只听到一声脚踩在门槛上的声音，四十九双带着些许期望又害怕的眼睛便齐刷刷地望过去。

一个短小精壮的身影赫然映入眼帘，精神笔挺的头发，在头上交汇成一个"V"字，光滑的额头瞬间将教室映得亮堂堂的，格子衫配黑毛衣，绿色的三角形和黑色的长方形交错着。

那个身影健步如飞，眨眼便站在讲台上，看得我们睁大了双眼，人也能走这么快？还不待我们从震惊中回过神，他又夹起一根粉笔拿在手上，面向黑板，大手一挥，只见几声"咚咚"的响声，一个巨大的"詹"字便完工了。方方正正，横平竖直，好似一个拼凑的几何图形。然后，以一个华丽的转身面向我们。

终于看清他的面庞了。高高的额头，浓眉大眼，微微翘起的嘴，有着一点儿骄傲、一点儿严肃以及一点儿随和，深邃的目光仿佛令人沉迷其中，当然最引人注目的是他手上的两把巨大的三角板。

看着他笑嘻嘻的表情，我紧绷的心情也放松了不少，他就双手撑着桌子，时而向左，时而向右地晃动着，仍旧是一副笑嘻嘻的表情。有的同学鼓起嘴忍不住笑，有的人双手捂住嘴，眼睛中迸出快乐的火花，可他依旧不为所动，嬉皮笑脸地看着我们，仿佛全身的每一个细胞都在笑得发抖。太神气，太滑稽了！"哈哈……"仿佛一个被炸开的锅，热浪滚滚，班里的气氛瞬间活跃了起来。

"我叫詹金芳。"他咧开嘴，面含笑意地看着我们，"你们可以叫我詹老师。"詹老师的声音出奇的洪亮。

一节课的时间就要在吵闹中度过了。

"最后一点，请大家注意，到学校来，先学做人，再学知识。做人永远是排在第一位的。"詹老师一字一顿地说，奇怪的是原本吵闹的同学们都在此刻寂静下来，全神贯注地听着。

下课了，我望着天空，心想：肯定会有很多同学会盼望这位教学水平极高又风趣幽默的老师上课。相处了一年，大家对数学的兴致高了，成绩上来了，大家都欢天喜地的。他就是这样，慢慢地影响着我们，激励着我们。他就是我喜欢的詹金芳老师。

爱哭也爱笑的老师

庄若冰

她，扎着一簇马尾辫，走起路来一甩一甩的；她，眉毛如月亮般挂在一副红色的眼镜上；她，花色的条纹外套长袖衬衣，修长的腿配上笔直的铅笔裤。她，就是那个时而大笑，时而又爱哭鼻子的，我最喜欢的老师——Miss Jin。

"铃铃铃——"下课铃响了，作为课代表的我，自然是马上开始收起了作业，今天的作业上交情况比以往好得多，一组一组很快交到了我的手上，捧着这全齐的作业，我心想：今天Miss Jin一定会很开心的！到了办公室，我将作业放在桌上，骄傲地宣布："今天的作业全部收齐了！"只见那条马尾辫飞快地甩了过去，露出一张睁着大眼睛、咧着嘴微笑的脸："真的？"一声充满惊喜与兴奋的声音传入我的耳朵。"嗯。"我答应着。"太棒了！"再瞧 Miss Jin，她的眉毛一下子翘了起来，嘴里露出八颗大牙，眼里射出的目光如孩子一般，这让我突然想起小孩儿得知将要去游乐园时的那种眼神，那么欣喜，却又多了一份欣慰、一份美好与善良。此时的她，是我眼中最美的老师，她的这种简简单单因为一份全齐的作业而绽放的笑容，是我见过最美的笑容，让我更期待她下一次的微笑，激励着我更加努力，以取得最好的成绩来回报她。

"铃铃铃——"上课了。班里仍然闹哄哄的。Miss Jin走进了班里，她的步伐似乎不如以往那么轻快，她的脸上也没有了以往的笑容。我的心也一下子沉了下去，一定是因为这次的考试！我们班的同学，由于平时太会讲话，导致考得极差。Miss Jin的眼里满是担忧、难过甚至自卑。她开口了，但她并没有先批评我们，而是开始做自我检讨，还记得开学时她对我们说："我们要一起共同学习，共同进步，我们是一个密不可分的团体！"现在，她同样认为自己不是一个好老师，一个优秀的老师，没有让自己的课堂吸引大家。全班陷入一片沉寂之中。Miss Jin的眼角渐渐有了一丝泪花，紧接着，她的整个眼睛都红了，大颗的泪珠滚落了下来。从那泪珠里，我看到了她那颗希望我们能努力，能进步，同时也要求自己做到百分之百尽责的心。这是一个多么尽责、多么优秀、多么爱我们的老师呀！

　　偶然间，我们几个女生惊奇地发现，在那二十几岁的Miss Jin头上，竟有着那么几根白发，是那么显眼，缠住了我们的心。

　　一份作业，一场考试，你一次次绽放，如最美的花朵，你一次次因担心我们，谴责自己而落泪。其实，我们都想对您说：我们喜欢您的课堂，喜欢您的笑容，喜欢您的讲话方式，喜欢您的……Miss Jin，你的笑与哭，都是我喜欢您的理由，都是一个老师最美的一面。

燃　烧

——为生命讴歌

叶千寻

我静静地躺在火柴盒里。现在的我是那么瘦弱，那么孤独，这让我想到了我以前的日子……

没错，我从前的日子！虽然已经过去很久很久了，可每当回忆起来时总是热泪盈眶。从前的我是一棵树。茁壮，葱茏，在阳光普照下生长，那时的我没有什么鸿鹄之志，我只知道，我的使命是长，不断地生长，长成参天大树。直到有一天，爷爷对我说："孩子啊，生命的意义在于奉献哪！""奉献？"我舒展着腰身反问道，"奉献是什么？"爷爷没有回答我，奉献大概就是帮助吧？我这样想。

像一根电线杆似的长，从我的目标中倒塌，渐渐被忘却……我开始了所谓的奉献：我"无私"地帮助别人，小鸟在我的枝头安家，鸟宝宝每天把我的叶子弄得千疮百孔。我很痛苦，可他们却不亦乐乎。为什么呢？难道奉献就是让别人快乐让自己痛苦的东西吗？真是令人费解。

经历过这种事后，"奉献"在我心中的位置一落千丈。"还是生长好，长成大树后，再奉献也不迟啊！"我这样想，殊不知这个想法竟把我推下了深渊——森林的魔鬼，伐木工来了。他是我们树木一族的噩梦！我高大的身躯使他们两眼放光。战战兢兢的我此刻宁愿希望自己还是一颗种子，可是这又有什么用呢？我已然被他们砍下，随后就被运送到火柴厂里做成了火柴。看吧，就是我现在这个样子：红色的头颅，纤长的身躯。没有小鸟做伴，在我的身边只有数以千计的火柴。此时的我自己都想感叹自己曲折的命运了！

在又经历了一次颠簸的路程之后，我来到了一户富裕人家的大宅子里，没有人会看到我，这几乎是唯一一个让我感到欣慰的因素了，但也同样让我感到绝望……就这样，在火柴盒子里虚度了不知多少光阴后，我终于被拿了出来——当时屋子里一片漆黑，女主人摸索着，却把我掉到了地上，随之传来一阵尖厉的吼叫，我真为他们也为自己担心。我的兄弟们从火柴盒里被摸出来，突然"哧"一下变成了火焰。我看着他们的"惨状"吓得心惊肉跳。没多久就感觉一双带着木头燃烧后的焦味的大手慢慢伸向了我，捏住了我娇小的身躯，放在粗糙的红棕色砂纸上迅速划动，我随即开始燃烧。我很害怕，害怕自己变成灰烬，从这个世界离开。

我闭上了眼睛，却在顷刻间领悟到了什么。难道这就是爷爷说的贡献吗？我在燃烧，即将成为灰烬，可我能清清楚楚地感受到我给人们带来了光明与希望！我的嘴角情不自禁地往上翘起，哧，在最后一秒，宅子里的灯火又使它变得富丽堂皇。我变成了灰烬，燃烧过后的烟尘在为我讴歌。

十二月的衢州

郑春韵

十二月的衢州，不同于北方那样冷，只是微凉，但大多时候，也还是适宜。

今年的十二月，与往常有些许不同，天气阴晴不定，时而凉时而暖，我心里猜测：莫不是北方的风到南方来旅游了。衢州是个山清水秀的风水宝地，十二月的衢州更加是美妙绝伦，也难怪北风也来一睹风韵了。

十二月的山，不仅更显威严，而且更加棱角分明，更显威武。山上的青松依然挺拔，像守卫的军人，即使再严寒，也依然坚守在自己的岗位上。田野在此时也静寂了，只剩下那短的稻梗静默在其中。

十二月的水，没有了夏季的波涛，给人以一种平静安和之感。此时再往河道边走一走，没有冷风刺骨，有的也只是微风拂面。

十二月，到衢州的山间走一走吧，那里有古老的小道，那充满着古老气息的小道，你一走就难以忘怀；那里有傲立山间的青松，那里有令人敬畏的青松；那里有风尘淳朴的人家，那热情好客的人家。

十二月，到衢州的水边去看一看吧，那里有停泊的船只，那孤立的船只；那里有清澈的河水，那潺潺的河水；那里有欢游的鱼虾，那调皮的鱼虾。

十二月的衢州城区，街道两旁的树叶都落了，只留下光秃秃的树干，却也有一种说不清的感觉。街上，人们都慢悠悠的，他们都在享受这安逸的、慢节奏的十二月。唯一的遗憾是衢州没有雪。只是偶尔，会下一阵，那漫天的雪花，飘飘扬扬，是极好看的。

　　十二月，有去过北方，那是十分冻人的，忽而警觉，衢州原来如此美妙。衢州的十二月，城区、乡间，都是美妙的。十二月，最美最舒服也不过如此了吧。

寂寥光芒

张雪怡

　　清晨，一轮朝阳在薄雾的衬托下，缓缓穿过地平线，在红与橙的交汇处探出个脑袋。顿时，天际都被这夺目的光芒感染，阳光连成一条直线透过树叶之间的空隙，照在地面上，形成一个个美丽而无瑕的光圈。到了傍晚，一朵朵白云变了模样，因霞光，变成了淡紫色，边缘又有一圈橙黄，美不胜收，水天相接连成一片，难得地看到蓝天。

　　转眼间，夜渐渐沉寂，明亮的光线透过一层纱照亮人们的心房，薄纱之后，是一片皎洁，掀起一角，仿佛一位神秘的少女撩开面纱，甚是惊喜！"更深月色半人家，北斗阑干南斗斜"，此刻恐怕即是如此场景。当遮掩物散尽，朦胧中有一丝幽静，它始终高挂于空中，却不曾停下脚步，它在空中慢悠悠地行走着。藏蓝的天空，皓月周围，星星始终耐不住寂寞，伴随着树叶的沙沙作响，用充满稚气的眼神环视周遭，迫不及待地诉说着一个个美丽神话。如此美丽的天空，势必要有流星的伴随，在天空留下一道美丽的弧线后，"嗖"地一下，消失不见。

远处的行星却发出寂寥的光，孤独地空守着那片只属于他的天空，自己仿佛也是一颗星，与那寂寥的行星一起，在那浩瀚的宇宙的长河中前行，周围有无数耀眼的光伴随着我们，不孤单，不寂寞。

可曾想过，太阳这么耀眼的事物，之所以耀眼，是它在背后拼命努力的结果，它无时无刻地散发着光芒，所谓燃烧自己，照亮别人。它不停地奋斗一生，只为给人类一个美好的生活。

奋斗，犹如一根蜡烛，当蜡油将燃尽之时，却不忘利用那一点点光，照亮世界；奋斗，犹如路边伫立着的风车，它不停地转动，不停地奉献。

可曾想过，月如此明净，为何？只因为它勇敢地突破重重迷雾，毫不吝啬地用自己仅有的光明，在黑暗中，为人们照亮一条道路，让人们在这道路上平坦走过。

勇敢，犹如一只麋鹿，对于天敌的追赶，毫不恐惧，迈开长腿奔跑，即使被捉住，也要拼命抵抗；勇敢，犹如一朵小花，被人踩踏后，依然奋起，茁壮成长，发出馥郁的芳香。

可曾想过，星这么微渺的事物，竟蕴藏着巨大的能量，它们之所以能发出奇丽的光，是因为它们在时光的长河中漫步多年，遇到过无数磨难，依旧坚持，成为今天万人都为之赞叹的辉煌的行星。

坚持，犹如一只猛兽，把放弃这扇牢门撞破；坚持，犹如一个水晶球，在将破裂之时，发出最后的璀璨光芒。

任何华丽的事物，背后必定有努力，奋斗与坚持。俗话说，"不经历风雨，怎能见彩虹。"不经过风雨与磨炼，只靠外表的点缀，又怎么能变得华丽？只有去努力过，奋斗过，坚持过，才会得到想要的结果，才能让生命之花绽放。

贝壳小鸟

姜 卉

在我的书桌上，静静地放着一只贝壳小鸟。它不像其他鸟儿一样"啾啾"地在蓝天白云下飞来飞去，它只是安静地"站"在我的书桌上，这只贝壳小鸟是我小学闺密F送给我的毕业礼物，可精致了！

这只精致的贝壳小鸟，身体由许多小贝壳构成：看！小鸟的头由一只只椭圆的贝壳构成，一个螺旋形的花纹，正好构成小鸟尖尖的小嘴，一对小巧的贝壳，构成了小鸟的眼睛，还有许多许多的贝壳组合而成的大翅膀，是小鸟"飞行专用"的工具呢！

这只贝壳小鸟摆在我的书桌上，眼睛和嘴朝向蓝天，好像什么时候趁我不注意就要展翅高飞了，最可笑的是，一次，还有一只小麻雀来拍我房间的窗户，可能是要找我家的贝壳小鸟一起玩吧？可是贝壳小鸟没有理它，这只小麻雀就失望地飞走了，心想："这只身上长满贝壳的小鸟为什么不理我？它老是静静地望着蓝天，也许是在幻想吧？"想完，这只小麻雀也忍不住了，望着天，也像贝壳小鸟一样幻想起来。

每天早上我起床的时候都会看一眼贝壳小鸟，贝壳小鸟好像在和我打招呼："早上好啊！要迟到了，再见！"每天晚上放学的时候也会看一眼贝壳小鸟，贝壳小鸟好像又在和我说："加油，认真做作业啊！"每天晚上九点半，贝壳小鸟又在对我说："已经很晚了，晚安。该睡了呢！"这只贝壳小鸟无时无刻不在给我鼓励，让我用自信的笑容去对待每一天，它那灿烂的微笑又有点儿像闺密F的笑容，我总是认为，我的生活也已经离不开贝壳小鸟，我也还是淡忘不了闺密F。

贝壳小鸟，我像喜欢闺密F一样喜欢你！

那天，我与友情撞个满怀

徐晓寅

匆匆地，时光带走了岁月，带走了童年，带走了欢声笑语。中学的大门早已敞开。跨进去，那沉重的枷锁便死死地拖住了我的双脚。

每天，重复着上课，刷题，考试……每天，总会托着下巴，耷拉着脑袋打两个哈欠……每天，尽管很不情愿也总会强颜欢笑，尽管很不开心也总会故作坚强……生活，似乎早已被这无趣的、沉闷的学业涂上了一笔无法抹去的黑暗。

那一天，清晨的白雾带来了泥土的芳香，雨后的小路上充满了前所未有的生机，和往常一样，依旧是晨跑，而我却因身体原因无法参加。一个人慢悠悠地走向医务室，忽然肩上多了一双小手，我猛地一回头，是后桌的她！刚结束晨跑，她头上豆大的汗珠一滴一滴地往下滴，嘴里也不住地吁气。

"怎么了？身体不舒服吗？"这似乎是随口说出的问候，却让我心头一热。我们是对手，曾在学习上争得你死我活，但在生活中似乎并没有太多的交集，见了面也不过淡淡地打声招呼。

也许是习惯了彼此间的陌生吧，如今她的一句看似漫不经心的问候竟让我感动得不知该如何是好。于是，我便语无伦次地说道："是的，不过也没什么啦！……去看看……没事的……那你呢？感冒了还是哪里不舒服？"我的舌头像打了结似的，而她在听了我的回答之后竟呵呵地笑了起来："没什么，恰好经过，你要无聊的话，那我陪你一起好啦。"也不等我做出任何反应，她便拉起了我的手，加快了步伐，奔向医务室。

这条小路不知怎的，好像一时间短了不少，我们一起走进了医务室……

那一天，天气似乎格外晴朗，似乎连考试都成了一件愉快的事。从那以后，我的生活中时不时地会出现她前来关怀的身影，这就是友情的力量。朋友总会在生活中给予你不一样的正能量，它可以使你将一切烦恼抛在脑后，每天都与快乐相伴。

那一天，那条小路上，我与友情有了一次美丽的邂逅，就在我们紧拉的手掌中。也许多年后的一个转角，我还会与友情相遇，那时，天气也会格外晴朗……

与外婆一起走过的日子

陈彦竹

那年,她满头白发,白皙的脸上镶着明媚的笑容。外婆温暖的大手,牵着我细嫩的小手,我们在时光的长廊漫步,跨过岁月的涟漪,走向蓝天的那一方……

小时候,是外婆陪着我,一起跑过青涩的幼年。爸爸妈妈操劳于繁忙的工作,把我丢给了外婆。那时,我们是最亲密的伙伴,甚至有些时候,我会认为自己是外婆生的。

在我很小很小,还单纯得像一张白纸,不懂世间百态之时,外公便离开了我们。我不懂什么是死亡,看着空空的院子,心中只觉失落。外公对我很好,常给我买各种玩具。可瞬间的消失,让我的心底有说不清的凄凉。我的笑容少了,话语少了,这一切全被外婆看在了眼里。她告诉我,外公没死,只不过是去了另一个世界治病,治好了还会回来的。我天真地问:"外公是坐飞机去的吗?"见外婆肯定地点了点头,我便露出了喜悦的笑容,心中的愁云被一阵暖风吹走了。

我不知道,外婆其实比我更难过。我总能在夜里模模糊糊地感觉到,外婆拿着外公的照片,偷偷地抹着眼泪。我不解地看着外婆:"外婆,你为什么哭?"外婆赶紧背过身子:"困了,打了两个哈欠,眼泪自然就流出来了。不早了,快睡吧。"

现在回想起来，心中只觉得酸痛。

还记得外婆常带我去的地方，是一个临江的长廊。那儿风景独好，也少有人来停驻。外婆若有所思地望着江水，教我背诵名句。至今，有一条令我印象最为深刻："逝者如斯夫，不舍昼夜"。外婆总是给我讲些道理，我还朦朦胧胧地记得一点儿："时间就如这流水一般，眨眼间就过去了，人不知不觉就老了。你要珍惜现在的时间，不要等到皱纹布满脸，再悔恨当年。"

那条长廊里，总有几位老人在满脸笑容地拉着二胡，吹着笛子，演奏着音乐。那些曲子就如这流水一般，平平淡淡，安安静静，却令人回味无穷。外婆教育我要像那几位老人一般，乐观地面对生活，微笑着迎接人生。

外婆博学多才，在我的记忆中她似乎无所不能。她经常戴着老花眼镜翻看厚厚的《中药大辞典》《本草纲目》等药书，晴朗之时便带着我行走在乡间田野指认各种花花草草，可惜时隔多年，加上当时实在幼小，如今留在记忆深处的真是不多了。

和外婆一起走过的日子里，她常给我讲故事，告诉我许多人生道理；教我背诗，品味中华汉字的博大精深；陪我做些益智游戏，开发我的大脑，开启我的思维……

命运多变，六岁那年，悲剧发生了。白色的帽子，白色的衣服，白色的桌布，白色的床单……我的眼前全是白色，还有躺在白色被子中紧闭着双眼的外婆。我亲切地呼唤外婆，可外婆却始终不理我。我的心中充满了不祥的恐惧，愣了好久，终于放声大哭。不管众人怎么安慰，怎么哄我，我的泪珠都一直不停。

我反复思量着外婆从前的话，我变得更加坚强了。那天，阴沉的云，剪不断的雨。从那后，我的幼年生活也便结束了。穿上崭新的校服，背上胀鼓鼓的书包，踏上童年的新旅程，外婆的叮咛依旧在耳边回荡。放心吧，亲爱的外婆！脚下的路，我知道该踏向何方！

甘蔗梢头

和外婆一起走过的日子，是我一生最值得珍藏的回忆。外婆曾经为我打开的那扇门，门里的光一直照射着我的人生之路。

与作业一起走过的日子

朱斌莲

你天天死缠烂打地跟随着我，连梦里都是你的身影和你身上的味道。一看见你，我心中便泛起阵阵波澜，对你有些恨之入骨，对你有些无能为力。和你一起度过的时间仅次于跟自己待在一起的时间，对你的熟悉程度仅次于对自己的脸的熟悉程度。

你的名字叫——作业！

自从入学，你便堂而皇之地成了我生活中最不可或缺的一部分。每当老师面带微笑、和颜悦色地走进自习课教室中时，我便会倒抽一口冷气：老师进来准不会干"好事"！果然不出预料，老师轻轻地拿起粉笔，轻轻地在黑板上写下了"万恶"的作业，轻轻地出了教室，正如他轻轻地到来，挥一挥衣袖，不带走一片云彩，却留下一堆作业。我的脸上只剩下颓唐之色……

笔尖挥舞着，作业的数量终于慢慢减少，就在我摇着因写你而酸痛的手臂时，却猛地发现，你似乎已经在我的笔下"全军覆没"了，兴奋之余，不禁感叹：虽然你让我反反复复地做做做、写写写，不过你还是在我的笔下渐渐地淡化，而里面蕴含的知识却深深地刻在了我的脑海里，再也不会忘却，真可谓"好记性不如烂笔头"啊。

渐渐地，我也习惯了这种与你相伴的日子，偶尔也会因为你的缺席或者迟到而兴奋一会儿，但是在短暂的兴奋之后，我还是会一头扎进你的怀抱中，去慢慢地把你完成，去慢慢地把你消化，从而把你蕴藏的知识全部吸收。

有时候你一下子来得真多啊！写得我手酸背疼，头昏眼花，可是你带来的作用却是巨大的，在考试中，你一道道题目和一个个解题方法顿时映入我的脑海，使我茅塞顿开，下笔如飞！

作业，你让我又爱又恨，我只有充分驾驭你，才可以慢慢地体会到你带给我的巨大益处……

与白开水一起走过的日子

潘 骛

"别着急，慢慢写！来，先喝杯水。"耳边又传来了妈妈关切的声音。定睛一看，妈妈送来的又是一杯热气腾腾的白开水。妈妈的身影在我的视线里渐渐模糊了，消失了……

白开水，平淡无味，但妈妈的白开水却一直伴随着我，小学六年的时光，全因有那白开水的陪伴，变得温馨。

每天放学之后，妈妈早已将晚饭准备好。草草地吃过了晚饭，我便打开台灯，开始马不停蹄地写作业。每每这时，妈妈总会端来一杯白开水放在我的书桌上，并轻轻抚摸着我的头说："孩子，别急，慢慢写。"随后便转身悄悄离开房间。日复一日，年复一年，次次都是这样一杯白开水，我也有些厌烦了。我曾经怨过妈妈，怨她为什么端来的总是平淡无味的白开水，不像别人家那些年轻漂亮的妈妈，端给自己的孩子香浓的牛奶或可口的果汁。我也曾向妈妈提出过抗议，但妈妈只是淡淡地一笑，晚上端来的仍是白开水。

终于盼到了暑假，我独自一人来到了家住巨化的妹妹家。远离了妈妈的视线，我感觉自己自由了好多，我想，可以尽情地喝我爱喝的饮料了。我攥着钱跑进附近的一家小超市，目光在那琳琅满目的货架上一遍遍地徘徊着，将一瓶又一瓶牛奶、果汁、奶茶等饮料装入筐中。喜滋滋地将它们捧回妹妹家，一个人躲在小房间里美美地喝了起来。一天就这么过去了。当我第二天和妹妹在"花海"里玩了一整天后回到家，我感觉饥渴万分。猛地想到昨天买来的饮料，打开瓶盖喝了起来。然而，那些昔日在我口中美味的饮料：香浓的牛奶，甜美的果汁，醇香的奶茶，在我口中却变得没滋没味。突然想起了妈妈的白开水，那热气腾腾的白开水。

晚上翻报时看到了一则"生活小常识"，说是那些果汁、奶茶之类的饮料容易引发各种疾病，而且这些病大多数都发生在孩子的身上，轻则住院观察，重则危及生命；最健康的饮品就是白开水。每天晚上一杯白开水有利于孩子的生长发育。我又一次想起了妈妈的白开水。我第一次意识到，这看似平淡无味的白开水里包含了妈妈多少爱啊！

第二天，我悄悄地登上了返家的公交车。妹妹打电话来询问，我撒谎说我有作业落在家里了，瞒过了妹妹一家。其实真实的答案很简单：因为我想喝妈妈那包含着爱意的白开水。

回到家，我终于等到了那杯我期盼已久的白开水，感觉好温暖。那时，我明白了，再好喝的饮料，终有一天会喝腻；而白开水不同，虽然它一直都是无味的，但那里面，含着一位母亲对她女儿深深的爱……

如今，每晚妈妈依旧端来一杯白开水，我再也不埋怨了，会心一笑，喝完那杯水，便又投入"题海"中去了……

白开水啊白开水，你用你那弱小的身躯点亮我的心，你是我和妈妈之间爱的桥梁，心与心之间的彩虹，是感动了我万千日子的"小溪"……

值

吕佳韵

我感到我快要化为灰烬了。现在，我正在一小火炉里默默地工作着，过不了一会儿，就有新的伙伴来接我的班，我上面的烤饼也将新鲜出炉。如果你还没发现我的话，请向下看，我就是盆里黑黑的木炭。

我曾经是一棵年轻健壮的大树，没有一个人不赞叹我粗壮的树干，茂密的枝叶。那些赞美的言辞多么让人陶醉。忽然有一天，我被截成小块送往一个炭窑，那里简直就是地狱！密不通风的环境，几百度的高温，几乎让我窒息。曾经与我那样亲密无间的水分，无情地飘然而去，我眼睁睁看着自己不断地萎缩，不断地变黑。我痛哭起来，因为再也不会有人来赞美我了，我觉得失去了活着的价值。

然而，那些都已过去，短暂的痛苦赐予了我新的生命。现在，我在火炉中，我在燃烧！我在发热！ 我心里充满了满足感。我闻到了炉上烤饼散发出的香味，是霉干菜、榨菜和肉末，几种味道混合在一起，十分诱人。那样的美味是我的杰作。虽然我来不及亲口尝一尝，但我完全可以想象人们捧着热乎乎的烤饼，十分享受地品尝着它的情景。那一定妙极了！他们吃了内心一定也能暖和起来。想到这儿，我的心里顿时也暖和起来了。我第一次真正感觉到自己发出的热量，体会到自己的作用。

炉外凛冽的寒风呼啸着，过往的人们纷纷在我身旁驻足，伸出他们冷冰冰的双手等我去温暖。我毫不吝啬地燃烧着自己，让火苗更旺一些！我得让他们的手暖和起来，这样才能拿得住香香脆脆的烤饼呀！我得让他们全身暖和起来，这样他们才能建设更加美好的家园呀！

现在，我感到舒服极了，幸福与快乐荡漾心头。十多年来，我一生最幸福的时刻真正来到了。

我与火焰跳起了舞蹈，我发着光，散着热，我要和人们一起把我的快乐分享。我欢快地摇动着细小的身体，感到一股股热血从我的小心脏里喷涌而出。我沸腾起来，大笑起来：噼里啪啦，噼里啪啦！我觉得每一个过路人都会受到我的感染，他们也会浑身温暖，迈着更坚定的步伐走向前方。在生命的最后一刻，我带给了人们远超我个人价值的、更珍贵的东西，虽然人们可能不会特别在意我，但对我来说真是值了！

终于，我永远地闭上了双眼。我微笑着默念：这一生，值了！

清 点 时 间

刘治坤

最近，我读完了曹文轩的《草房子》。主人公桑桑度过了一个无忧无虑的童年，却在小学六年级时被诊断出了绝症。他这才开始意识到时间的宝贵，才开始珍惜身边每一个人的爱。最后，他的病被一位中医治好了，一切化险为夷。这次独特的生命体验，让桑桑似乎瞬间长大了许多。

看到这个结局，我一直悬着的心，终于如释重负。可我还是留了个疑问：当一个人所剩时日不多时，为什么他的生命质量是常人的好几倍？

小时候，我常常在闲暇时，开始思考自己的人生。我总对未来抱着无限多的希望，给自己定下了许许多多的目标，却并没有要为其努力的意思。那时总是想："我的人生还长着呢！就算把活过的年头再活一遍，大学也还没毕业。"于是，我就抱着这些"无限的可能"懵懵懂懂地过了几年，蓦然回首，发现那时的梦想连基石都没有铺下。再来清点我的时间，发现若将活过的年头再活一遍，已人近中年。

这着实令我吓了一跳，并且使我感到惶恐不安了。

时间这东西，说它快也不快，说它慢也不慢。说它快，人一动不动地静坐十分钟，感觉都非常煎熬；说它慢，只要想着那么一点儿事，一整天也能不知不觉地从指尖溜走。那时候，像葛朗台一样，口袋里装着一大把金子般的时间，闲着没事就掏出来数一数，感慨一番金子真多，盘算着每枚金币要怎么花，却又将金子分文未动地重新塞回口袋。后来，渐渐长大，发现口袋上有一个永远堵不上的口子，金子正哗哗地流着，我却不以为然，心想，反正有的是金子，漏也漏不完。当再次翻看口袋时，发现金子少了许多，心里不禁没了底：我的金子还能维持多久？我能在金子漏光之前，用它们做些有意义的事吗？

人不知道自己什么时候会逝去，这既有好处，更有坏处。好处是不会让人惶惶不可终日，认为活着就是等死；坏处是使人没有压力，总认为自己的时间很多，从而一事无成。许多人总把事情寄托给未来，结果飞来横祸，时间就定格在一段没有质量的生命里。就算一个人平安无事地达到高寿，若他总是"明日复明日"，又能成就什么事呢？许多人总是认为自己的时间还很多，殊不知，只有把口袋里的"金子"拿出来体现它的价值，它才算是财富。归根结底，一个人若是没有"时间马上会流光"的危机感，他的生命就很难体现出真正的价值。

如此想来，桑桑的绝症并不是上天给他的磨难，相反，这是上天赏赐给他最好的礼物。这份礼物改变了他的世界观、人生观，让他对生命有了全新的理解和感悟。那些较为乐观的绝症患者，总会把最后的日子安排得无比充实，因为他们的时间是可以清点明白的，他们不会把事情寄托在虚无的"未来"上。因此，这段日子的质量，往往能体现这位病人的半生之愿。当然，有些康复的病人，如桑桑，有了这段珍贵的体验，更会百倍地珍惜生命中接下来的每一天。

然而，并不是所有的人都会收到这样可怕的"礼物"。不过，若是我们也学会倒数着活好生命的每一天，让口袋里的"金子"物尽其用，就算时间忽然流尽，我们也不会感到遗憾和懊悔吧。在清点自己

的时间时，让我们把每一天，当作人生中最后的一天来过，那样，生命是不是会更加精彩呢？

蔷薇的忧伤

沈 星

每年的初春，蔷薇都会开花。

她开花的地方，虽在屋后的墙角跟，但她出尘的风姿还是吸引到了我们。

蔷薇的颜色有很多，有清新淡雅的淡粉色，有娇艳欲滴的大红色，也有最纯洁无瑕的青白色。但是，无论是哪一种颜色的花，总会让你有一直想保护她的感觉。她是那么美丽，却又是那么柔弱，细细的茎仿佛一吹就倒。她本可以在温室里接受悉心的照顾啊，但她还是选择了屹立在风吹日晒的墙角，默默地忍受着一切。

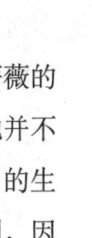

她明白，只有经过不断的磨炼，才能铸就一颗坚忍的心。蔷薇的生命并不长，仅仅三个月的短暂时光，她自己也知道。所以，她并不想在温室中虚度光阴！她想闯闯，想历练，想让自己短短三个月的生命绽放光芒。甚至，她的茎上还长出了与她的样貌格格不入的刺，因为她知道，想不被这个世界淘汰，想在这个世界上存活，不被击倒，只有让自己变得强大。

她长出了刺，人们只能远远地看着她；她长出了刺，换来了被人们抛弃的孤独寂寞，但她仍然无怨无悔，坚持自己，骄傲地过完了一生。有时她也忧伤，有时她也迷茫，但她不得不这么做。因为她知道，她的一生十分短暂。她要活出价值，活出精彩，活出骄傲，她要向世界证明——她可以如此美丽地活下去！

蔷薇的忧伤，我们不懂。

风

富 婧

滔天巨浪拍上岩石，漫天黄沙迷人眼睛，蒲公英和柳絮交错飞扬，是谁造成了这一切？是我，我是风！

我是风，是安宁的风，淡淡地拂过湖面，微微地扬起柳絮，轻轻地撩起温温婉婉的江南女子美丽的秀发，也见证了飞扬的玫瑰花瓣下一场场的婚礼，目送了夕阳下老夫老妻互相搀扶着回家，我默默地将湖面吹起层层涟漪，岁月静好。我是风，是安宁的风。

我是风，是自由的风，卷起树林里的落叶，助林中的小鸟飞翔，托举着白云前进，风筝挣断丝线，滑翔翼驶向远方，这些都有我的功劳，我带给他们自由，带领他们奔向远方，自由飘荡。

我是风，是狂怒的风，翻起滔天巨浪，砸向巨石，带着粉碎一切的力量，卷起漫天黄沙，飞越一个个大城市，推倒高楼，连根拔起千年古树，席卷万里长河，我是风，是狂怒！

我是风，我千变万化，我喜怒无常，我时而急躁，时而疯狂，时而妩媚撩人，时而威武雄壮。我是风，是怒吼，是微笑，是风铃，是树叶，我无处不在。因为，我是风。

我代表着自由，我象征着解脱，我能打破枷锁，我能解放囚徒，因为我是风，我是风，是风！

没有什么能阻止我，因为，我是风；没有什么可以束缚我，因为，我是风！是自由的风！

一月母子

吴蕴晖

"可是，你真是我的儿子啊！"那个女人对我喊道。

我叫小豆，是来自 K 星球的一个机器人。在我们这个星球，几乎都是机器人。我们听命于大 BOSS 库伦，他是个人类，负责派遣我们去地球帮助其他人类。这不，我又到地球来执行任务了（要知道，机器人看上去和人类一模一样）。

我这次的任务是扮作一个女人的儿子，陪她生活一个月。说来可笑，人类有一个词叫"感情"，因为有了它，人类就被七情六欲控制着，时而开心，时而痛苦。既然人类很容易受它控制，为何不在出生时删除这个程序呢？真是愚蠢！不管了，还是先去见见我的新主人吧。

她是个很平凡的人，身体微胖，样貌普通，四十岁左右，慈眉善目的。一见面，就让我叫她"妈妈"。既然是执行任务，那就照做吧。我叫了声"妈妈"，她竟十分开心。"我的儿子回来啦，终于回来了啊……"她喃喃自语，说着就拉我坐到餐桌前，给我做饭吃。机器人是感觉不到人类饭菜的味道的，但看她这么全心全意地做，这顿饭应该是很美味的吧。吃完饭后，她又让我陪她看电视，还买来一大堆零食给我吃。这次的任务可真轻松啊，我暗自想到，这个女人也真奇怪，花钱雇一个机器人来让自己伺候，这不是典型的花钱买罪受吗？不管这么多了，就按照她说的做吧。这个任务尽管奇怪了些，但总比之前搬东西、做苦力、当家教、用脑力的活好多了。我理了理思绪，继续投入到工作当中。

这几天，这个女人待我亲如至宝，我也演得非常逼真，就好像她真的是我母亲一样。她让我当一个调皮的孩子，打游戏打到晚上十一点多，第二天睡到中午十点才起床。有时，她会带我去游乐场玩过山车、大摆锤、跳楼机，还非要让我玩个遍。深夜，我偶尔听到她在啜泣，便悄悄地走了过去，只见她双手捧着一个相框，嘴里不停地念叨着："小豆啊，你说巧不巧，我竟碰到了一个与你长相一样、名字一样的机器人。一定是你派它来陪妈妈的，对不对，对不对……"我悄悄地走开了，对这个女人及她儿子的事不禁好奇起来。

白天，这个女人依旧把我当作她的亲儿子对待，带我吃喝玩乐，对我无比宠爱。晚上，她又在那儿暗暗地哭泣。以我机器人的超高智商，不难推断出，这是一个失去了儿子的母亲，她十分思念自己的儿子。这些天，她将对儿子的思念化作对我的宠爱，对我关怀备至，把我当作她的儿子，只为缓解思念，让自己过得开心一点儿。愚蠢的人类啊，我不禁又一次在内心感叹道：明知感情是个祸害，还要启动它，这不是自作自受吗？

一个月的期限已到，我已完成任务，该回到自己的星球。临走时，我甚至没有和她道别，反正任务已经完成，道别什么的也不重要，我边想边走。只见那个女人追了出来，叫住了我，她恳求我再陪她一个月。"如果想要续约，请联系库伦。"我冷漠地说道，然后就头也不回地走了。"可是，你真的是我的儿子啊！"那个女人对我喊道。这个女人恐怕已分不清现实与梦境了吧，我边想边走着。

　　回到了 K 星球，我仍和平常一样生活着，却总要想起那个女人，想起她对我的好，竟情不自禁地思念起她来。难道我被人类传染，也有了感情？不不，绝对不能。几天后，我仍无法抑制对她的思念，就向库伦申请去地球看看，他同意了。她看见了我，脸上显现出无法言语的开心，看见她开心，我的心竟忽而轻松了，舒畅了。这大概就是人类口中的开心吧，这种感觉虽从未有过，但却感觉棒极了。

梦

黄　轲

梦依然在——
向前望，看不到方向，
回过头，还有追赶的风浪，
不曾绝望。
决心追寻，
梦想。

在生活的赛场，展翅飞翔，
挺起胸膛，歌声嘹亮，
举起金杯的刹那，闪耀光芒，

甘蔗梢头

从未放松与命运对抗。

不想随波逐流，随风荡漾，
碌碌无为一世，成为懦夫的模样，
呼吸相同的空气，
竖起自信超越平凡和自己，
失败的人，同样美丽。

站起来，让梦继续，
呼吸相同的空气。
你就在前方，我始终相信，
勇敢的人不计较跌倒多少次，
有心，梦就不会消失。

纸鹤千千

　　但很快，我的注意力就被小徒弟那灵活的手指给带走了。她细长白嫩的手指飞快地舞动着，彩色的小纸片在她的手指间任她摆布。我不由得看呆了。不一会儿，那张原本不起眼的彩色小纸片，在她手中变成了一只栩栩如生的千纸鹤。

窃读小记

余婧雯

读书是一件美好的事，读书过程中的一些小故事更是令人回味无穷。

看课外书一直是我的爱好，从小学开始这件事情就对我有着巨大的吸引力。那是很久之前的一件事，如今还印在我心里。

那时有一系列叫《藏地密码》的书籍在班上十分流行。因为好奇，我便去向同学借了一本。没想到一看就根本停不下来，书中跌宕起伏的情节无时无刻不紧扣着我的心，于是我将所有的课余时间都给了它。

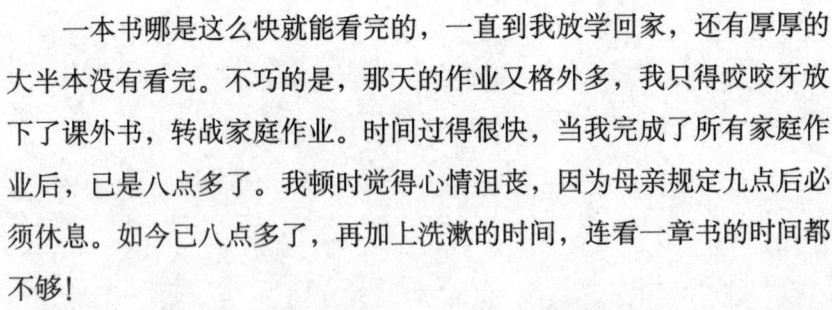

一本书哪是这么快就能看完的，一直到我放学回家，还有厚厚的大半本没有看完。不巧的是，那天的作业又格外多，我只得咬咬牙放下了课外书，转战家庭作业。时间过得很快，当我完成了所有家庭作业后，已是八点多了。我顿时觉得心情沮丧，因为母亲规定九点后必须休息。如今已八点多了，再加上洗漱的时间，连看一章书的时间都不够！

这时我眼珠子一转，瞟到了茶几上的迷你小手电。一个大胆的想法滋生了：明着看不行，偷着看总行了吧！这样一想，我又兴奋起来。洗漱完毕后，我将那本书夹在腋下，快速地闪进房间，生怕母亲看见了叫住我。

"砰！"一声关门声响起，我长吁了一口气，带着几分窃喜，飞快地爬上床，关了灯，钻进被窝，掏出小手电。轻轻一按按钮，书上的字全被照亮了。我对这样的效果很满意，便津津有味地看起来。

过了一会儿，门外突然有了响动，是脚步声！一定是母亲来了！我立马关了手电，将书塞进被子，紧闭着眼，等待着开门声。结果那脚步声只是在我房门前停留了一会儿，就渐行渐远了。"原来不是来逮我的。"我松了口气，快速跳动的心稍稍放慢了速度，我又安心地看了起来。

不知过了多久，父母都已歇息许久了，我越发放松了警惕。这时门外传来了一阵可疑的声响，像是开门声。确定了，是有人走进了我的房间！我像只受惊的兔子，几乎都要跳起来了。我长到这么大，也许身手没有比此刻更敏捷的时候了。我终是抢在门外的人进来之前将一切都恢复原状：小手电藏在枕头下，书藏在被子里，我侧卧着闭着眼，并尽量让面部表情更自然一点儿。

似乎是过了好久，久到我觉得快不能呼吸了，人终于走了。我却还是不能平复心情，真是太惊险了，"窃读"的感觉好刺激！这其中的快乐有谁比我更明白呢？

在阅读旅程中有这般回忆，亦是人生中美丽的一道风景。

班主任"三绝"

陈 乐

刘老师是我们班的一班之主,是我们班的"恒星",我们这些"小行星"天天绕着他转,尽力地拍好刘某的"马屁",以免哪天他把我们这些"小行星"给吞噬掉,然后他自己变成威力更加强大的"红巨星"。这颗"恒星"令我们折服的有"三绝"。

一、瞪眼

倘若刘老师姓孙的话,那可就是齐天大圣第N代传人了。因为他有一双"火眼金睛",眨一下就知道谁在做小动作,眨两下知道谁在讲话,眨三下连谁有没有"神游"都能知道。某天课堂上,A君正在发呆,被"火眼金睛"锁定,随即射出两道超级具有杀伤力的金光,但A君毫无察觉,眼神涣散。几秒钟后,A君感觉到了什么,突然回到现实世界,一看,一波拥有强大精神攻击力的"瞪眼"朝他飞射而来,立刻心领神会,摆正腿,放好手。"火眼金睛"见状,停止攻击,继续讲课。

二、声音

可能是刘老师长得高大威猛，体格彪悍，所以同学们都很怕在非笑容状态下的刘老师。尤其在讲课时，经常讲着讲着声音就提高了十二度，比晴天霹雳还猛，同学听得胆战心惊。这么威猛的声音一直维持到将神游的 B 君拉回课堂来，才会恢复风平浪静。

三、说明书

此乃刘老师必杀技，且一出手必二百字以上，使用范围极广，威力极大。比如，课堂上做小动作，下课后打打闹闹等，刘某定会处以当事人写两百至两千字说明书的惩罚。通常情况能以其他方法补救，如上课发言超积极，或回答一个超难问题，或作业全对，以上任选一个可减少 50%至100%的惩罚力度。正可谓"说明书出手，二百字就有"。

这"三绝"，让我不敢有一点儿马虎！

我为余老师点个赞

许 畅

我的班主任是余老师。他一头极短但浓密的板刷头，显得很精神。大鼻头上架着一副方框眼镜。衣着简朴，但又不失风度，显得很有活力，倒是看不出已近知天命了。

　　余老师教的是数学。第一节数学课，他说："数学，并不常用，没有语文、英语、科学常用。卖菜大妈还用得着函数吗？英语老师会说，'学好英语，走遍天下都不怕。'语文老师说，'语文才是基础，先学好语文。'听谁的？反正谁都要听，别听数学老师的话，数学，你们学得不是特别好也没事。"我们一听都笑了。一般的任课老师都会夸奖自己任教学科的重要性，可余老师这独特创新的陈述，让我们感到惊喜又奇怪，反而使得大家打起了满满精神，更加希望学好数学了！我心里不禁为余老师暗暗点了个赞。

　　余老师的板书也值得一说。别的老师飞速地讲课，而余老师却在黑板上慢慢地、一步步地教我们，板书的每一步都十分严谨，让你挑不出一个毛病、一个错来。他常常教导我们："数学需要严谨与耐心，步步有据，每写一个式子，一句话都要有依据，都要讲道理，容不得半点的随意与虚假。"为加深同学们的理解，他还不厌其烦地对题目做出规范解和随意解示例，让我们做题做到步步有据。我不得不为余老师又一次点赞。

　　余老师讲课方式十分特别，抑扬顿挫，时而响亮，时而柔和；时而快速，时而舒缓，使得大家不得不打起精神听课。但课堂上难免有瞌睡虫，那天下午课上到一半，S同学刚答完问题，余老师说："很好，请坐吧。"说完又问F，"F同学，我刚才说了句什么话？"F同学刚从美梦中醒来，弹簧般地站了起来，"啊？"余老师依旧和颜悦色地说："我刚刚说了句什么话？"F同学一脸茫然，只好歪着头侧下身去问同桌。这时，余老师笑起来："我刚刚说了，'很好，请坐吧！'以及'我刚才说了句什么话'这两句话。"我们哄堂大笑。原来余老师是在"耍"我们啊！

　　余老师笑着请哭笑不得的F同学坐下，说："看来我讲课方式像催眠曲啊！不过，数学课嘛，本来就是很无聊的，而且我又长得不帅……"

"你们可以睡一下。"我们又喜又惊。"不过呢，不能超过十分钟，下午嘛，可以理解。"听了余老师的话，我不禁又为余老师点了赞。说完，不少同学纷纷倒下，不过睡了几分钟就醒来了。但有位大侠——Z君，一直在睡，竟然还打起了呼噜。他就这样睡了快半节课。这时，老师走过来，微笑着说："Z，要不要我给你在脸上画一画？"Z不响。"那我当你默认了啊！"说完毫不客气地拿粉笔轻轻在Z脸上画了一笔，Z这时醒了："啊？"脸上有道隐隐约约的白线。大家又笑了，Z又继续睡。"好了，安静安静。"大家静了下来，看老师轻轻地涂去粉笔印，继续讲解题目。

我要为他独特的教学方法、对待学生以宽容平等的眼光、幽默风趣的语言点赞！

我爱大食堂

徐心禾

美食胜地哪家强？实验学校大食堂！

迎着上午第四节课下课的铃声，伴着广播里激情澎湃的励志歌曲，我们大家手牵着手，边走边笑边说，向食堂进发！

大家在食堂整齐地排队，目不转睛地看着屏幕，一个又一个人打好菜，脸上洋溢着幸福的表情。是啊！来食堂吃饭难道不是一种福气吗？你闻闻！这黄豆猪脚，真是香气扑鼻啊！你看看！那令人垂涎三尺的牛肚青椒，土黄色的炸鸡，真想统统打进菜盘子啊。

  轮到我了！我兴奋地向前跳了跳，把整颗脑袋探进窗口。你看！那鸦片鱼的鱼尾在灯光的照耀下闪闪发光。雾气蒙住了我的眼睛，可我还是看到了：似紫似粉的芋丝；橙红色的炒萝卜片；翠色的青椒邂逅赤色的肉片；圆圆白白的鱼丸，陷入无边的汤的海洋中；鸡蛋与西红柿的美妙相遇。它们强烈地召唤着我的胃，我的胃已蠢蠢欲动地从腹腔爬向胸腔！我擦了擦嘴角，微微露出的口水，用手指了指那白里透黄的土豆丝，又指了指正向我"朝手"的小鱼丸们，我再点一个！猪脚黄豆！我的最爱！还有，还有……"你打好没？"后面的人不耐烦了。

  我盛好饭后，坐下，开吃！我用勺子盛起一只鱼丸，一口咬下去，一股猪肉的香味不断地向我的味觉器官袭来，外面的一层白白的，软软的，如雪般轻盈，如吻般甜美。一口又是一口，怎么也吃不够啊！接下来，我用勺子盛起一颗黄豆，嚼碎后，让它在我口中慢慢消融，我不由得闭上眼睛慢慢享受……

  学校食堂的美味真是名不虚传，在这里你能体会到舌头与酸菜鱼的邂逅，鱼肉与牙齿的相遇，炸薯条与食道的约会……

42号的名字叫全体女生

罗赛仕

一群少女在烈日下狂奔着。

手臂有力地挥舞着，飞扬的衣角夹着燥热的风和沉重的喘息从跑道上呼啸而过，蹦跳的马尾，急促的脚步。我，不是一个人在战斗。

为了迎接八百米的月单项测试，最近的体育课总是"鸡犬不宁"——我们得练习九百米的耐久跑。灿很不幸，她比合格标准多了一秒，仅仅一秒，意味着她下节课需要作为唯一一个不过关的女生跑整整两千七百米。

下课回班的道路上，女生们不再守着路旁林荫唾沫乱飞地畅谈追星话题了。我们围成一圈，在道路旁安慰哭泣的灿。"陪跑！"不知是谁先喊出了这个词，是竹还是丹喊的？已经无所谓，因为每个女生瞳孔中都有一团火。

第二天的体育课终归是来了，灿的42号学号下面鲜红地标注着不合格的成绩。老师请没过关的同学站到跑道上，涂说了一句话久久回荡，盖过了所有声音："42号是全体女生，要跑一起跑！"体育老师为此跟我们下了"豪赌"：只要所有愿意陪灿跑的女生能全部跑进良好标准内，就放灿一马。

新一轮的征程开始了，刺耳而又尖锐的哨音响起，眼睛死死地盯着前方，喉咙的急喘让我们感觉窒息，双腿的酸痛让我感觉眩晕，多想就这么停下来啊，或是喝口水休息一下也好！但不行，我不能拖了大家的后腿！跑的时候觉得度日如年，当老师宣布女生"全部通关"时，我却似怎么也听不够，这四个字，耗尽了我们所有的精力！

接受灿和其他人的拥抱时，我总是在想，即使多年后再也记不清身边这些人的脸庞和这些拥抱的温度，但我依然能记起此刻的热血澎湃和那句话："42号是全体女生"。

兄　弟

余子涵

马思远和王凯利是一对同桌，一对非常要好的同桌。要好到什么程度呢？据班里好事的女生说，曾有人看到他俩在校园后面的大樟树下结拜。结拜的真实性还有待考证，但他们彼此以"兄弟"相称，是千真万确的。

男生和女生不同。在女生看来，上课能一起叽叽喳喳聊天，下课能一起手挽手去洗手间，就算是好姐妹了。男生可不一样，在他们看来，能替兄弟出头才算好哥们儿。就像那一次，马思远在校外被几个找茬的小混混打了，王凯利知道后，二话不说施展出跆拳道黑带的技术，把那几个小混混痛打了一顿。为此，马思远和王凯利都吃了一个处分，但他们的友谊更上了一层楼。

"哎，马思远，如果有一天我走了，你会翻我用过的东西吗？"

某节自修课,王凯利突然没头没脑地问一句。

"那是你的遗物,我怎么敢乱翻?"马思远纠结于一道数学题,随口调侃道。

"……别咒我死行吗?我的意思是,如果有一天我离开了,不在这里了,你会翻吗?"

"怎么突然问我这个问题?"

"没什么,随便问问。"王凯利轻笑一声,却有些支吾。

"会吧。应该会。"马思远放下手中的笔,认真地盯着王凯利,想想又加上一句,"如果你只留给我那些东西的话。"

十分钟后。"马思远,你的词典借我下。"

"你怎么这么懒啊,自己有还不拿,偏要我的。"顺手把桌上的词典推过去,还不忘吐槽一下。

"唔……好像前天借给隔壁班千智赫后他就没还我,下课记得提醒我去拿。"

"七组六、八组六,你们俩在干什么?!"威严的声音响起,全部目光"唰"地聚集在"王马同桌"身上。窗外,正在巡视的校长恶狠狠地盯着他俩,王凯利耸耸肩,知趣地噤了声。

一转眼,一个学期过去了。再一转眼,暑假也过去了。开学第一天,马思远身边的位置始终空着。心慌意乱的马思远逮住后桌:"王凯利怎么没来?"

后桌诧异地看了马思远一眼:"你不知道?王凯利他转学去美国了。暑假的时候他还请我们全班去他家开欢送会呢!你没有去吗?"

同桌女生嘴快地插上来:"马思远那天的确没去,王凯利说他有事去不了。我们还以为他们兄弟俩要单独告别另约了呢!"

马思远只觉得血"轰"的一声全往脑袋上涌。"兄弟?"他冷笑一声,"兄弟会连一声再见都不说就走吗?请了你们所有人就是不请我,我在他心里连同学都不是!还谈什么兄弟?"

"也是我太傻，一厢情愿地以为人家真拿我当兄弟，烦得人家出国前也不愿见我一面。只怕巴不得早点儿离开我吧！"说到这里，马思远的眼泪不知不觉地流下来。班里鸦雀无声，所有人都被第一次失态的马班长吓到了。

第二天，马思远又像什么都没发生过一样。只是从那以后，一有同学说到王凯利的好，他都会不咸不淡地讽刺一两句。班里同学明白，也从不和他计较，他依旧是同学眼中的好班长——当然，除了王凯利给他寄明信片，他看都不看一眼就撕掉的时候。全班，只有他收到了王凯利的明信片。

后来，马思远上了九年级。再后来，他要上《诗经·关雎》这一课。上课前一天，老师布置了解释字词的作业。当他在查"窈窕淑女，琴瑟友之"的"友"字时，他看到了一张薄薄的、有些泛黄的纸片夹在词典中。他拿出纸片，上面有几个字，字迹尽管潦草，但仍能辨别出是谁的风格：

马思远，原谅我的不辞而别。因为我怕我看到你，就会丧失离开的勇气。所以我做不到当面和你说一声"再见"。

纸片飘落，覆盖在一同夹着的香樟叶上，却盖不住它散发出的若有若无的清香，一如当年。

把羞涩甩在身后

陈和坤

在成长的道路上，每个人都会经历一段羞涩期。在那段日子里，也许你不善于表达，遭到孤立，做什么事都束手束脚。但请你相信，只要勇于面对，敢于尝试，总有一天，你会把羞涩甩在身后。

记得转入新学校的那一天，身边的所有事物对于我来说都是陌生的。来到教室，坐在最不起眼的角落里，偶尔会有同学过来摸个底细。我的眼中透露出无助的目光，一脸茫然地看着黑板，不知所措。

"我该怎样与别人交流呢……"正当我思索的时候，我们的班主任吴老师走了进来。她瓜子脸，浓浓的眉毛下面有着一双极具亲和力的双眼。在一缕阳光的照耀下，黑发中夹杂的几根白发显得格外引人注目。扫视了全班后，她把目光投在了我的身上。我不敢与她直视，低下头去，心想：怎么办，我该怎么回复她的目光？是传递一个微笑，还是装作没看见。正在犹豫之际，她的目光已经转向别处。

当她点名的时候，我轻轻地答应了一声："到。"但她似乎没有听见，又喊了一遍我的名字。这一次，我涨红了脸，大声地叫了一声"到——""这就对了嘛，胆子要大一点儿嘛。"吴老师点点头。吴老师用鼓励的眼神给了我肯定。顿时，我变得不再胆怯，充满了勇气。

但这勇气似乎只停留了一天。第二天，吴老师在英语课上又叫到了我——读一篇课文。我立刻站了起来，心想自己怎么那么倒霉。起初，我读得十分小声，吴老师立马皱了皱眉头，说道："大声一点儿，老师相信你完全可以做到。"那股失去的勇气似乎在这一刻再次爆发了。我又找到了昨天那一份勇气，我似乎是用尽了全身力气在放声朗读。直到最后，全班都为我响起了掌声。我心里开心极了，证明了自己！心想：以后，自己回答问题一定要大声一点儿，不让别人看不起自己。

是的，我面对了羞涩，挑战了羞涩，甚至战胜了羞涩——把羞涩甩在了身后。

一支自动铅笔

郑欣怡

"这支自动铅笔是从哪儿来的？"妈妈突然问我。

妈妈提起的那支铅笔是粉红色的，平时一直藏在我书桌的抽屉里，妈妈不知什么时候又把它给翻出来了。

"同学送给我的。"我小声地说，并用狡猾的目光时刻观察着母亲的动作。

"谁送给你的？要好吗？告诉我。"妈妈似乎察觉出我在撒谎，因为我坐在书桌前，一刻不停地写着作业。况且，那支自动笔也不是很新。

"要说实话！是不是偷的？"妈妈的目光紧紧地盯着我。

"没有偷……"我的话还没说完，爸爸走了进来，他看看母亲和我，又看看那支自动铅笔，问道："怎么了？"

"这支铅笔是我在抽屉里找到的，但我从没给她买过。"妈妈把事情的经过一五一十地告诉了爸爸。

"这支铅笔从哪儿来的？"爸爸严肃起来，他和妈妈一起看着我。

"我在教室里……捡到的。"我小心翼翼地回答。

父母都沉默了，我也把头低下去，埋头写着作业，我想到他们可能马上要让我把那只铅笔放回原处，心里难过极了，他们不知道我有多喜欢这只铅笔。

上星期五，我做值日时，偶然从课桌缝里捡到了这支铅笔。我对它爱不释手，可又一想，这可能是别的同学掉在地上的吧？就把它放在了讲台上，心想：等到放学还没有人来认领，我再拿也不迟啊！

几乎每节课下课我都要到讲台上瞧一眼，可那支铅笔始终躺在讲台桌上，无人问津。

放学做完值日，同学们都走光了，我经过讲台桌时，看到那支铅笔仍然躺在那儿，我拿起它，捧在手心，心想：同学们每每经过这里，都会看到它的，可却没有任何一人来认领。我拿走这没人认领的东西，应该没关系吧！我想着，便把它塞进口袋。

回到家后，我用它来画画，一用力，竟把笔芯弄断了，我不知道该怎么办了，只好把它扔进了黑暗的抽屉。今天，妈妈竟把它翻出来了。

不知什么时候，妈妈和爸爸都出去了，只剩下我一人在房间里。我突然觉得我做错了，因为我拿了本不属于我的东西。可这能全怪我吗？

这件事已经过去一年了，可我一想起它，还是很羞愧。

我们去吃画糖

刘思宇

偶然的一天，我想吃画糖了。很久很久以前我吃过画糖，那灵活美妙的图案和那如蜜般津甜的味道一直使我难以忘怀！在我的强烈要求之下，妈妈终于答应带我去吃画糖。

站在卖画糖的老伯伯的推车旁边，就先嗅到一股浓郁的焦糖味，糖味似乎是金黄色的，在空气中翻滚了一下，气味飘入一个个人的鼻孔中。我兴奋地站在老伯伯的旁边，只见他从盆里拿出一块糖，放在铁勺里，把铁勺放在煤饼上烤，等糖熔化了，根本不用打草稿，直接就开始在板上画起来。他的手非常灵活。只见他拿着铁勺在板上舞来舞去，没过多久，一条龙的轮廓就出来了。然后，他又对龙身进行加工。一条栩栩如生的龙出现在我的眼前，仿佛你一不留神儿，它就会挣脱糖棒的束缚，飞向九霄云外，呼风唤雨。

我拿着画糖就像拿着一件艺术品，在阳光的照耀下，如琥珀一般，格外漂亮。我小心翼翼地舔了一口，甜味就缠绵上了我的舌尖。那一刻我仿佛回到了小时候，坐在石凳上吃着画糖，那美滋滋的味道让我痴迷。更多的人来了，孩子们举着各式各样、造型别致的画糖开心地喊着，细细品尝着人间美味。

纸鹤千千

徐璐卉

　　有这样一个女孩儿，她阳光开朗；有这样一个女孩儿，她幽默风趣；有这样一个女孩儿，她心灵手巧……这样的女孩儿，想必不少，可要说经常遇到也是难事。我这里就有一个这样的女孩儿，而且还是我的徒弟，你说我幸运不？

　　正值圣诞节，校园里处处都洋溢着欢乐的气氛，连我也被这气氛感染，想与要好的同学互换礼物。奈何我是住校生，又是"无产阶级"，向班主任讨出校的单子不难，可是出去了也没钱买礼物呀！

　　百般无奈之下，我只好灰心丧气地回到座位上发呆。但很快，我的注意力就被小徒弟那灵活的手指给带走了。她细长白嫩的手指飞快地舞动着，彩色的小纸片在她手指间任她摆布。我不由得看呆了。不一会儿，那张原本不起眼的彩色小纸片，在她手中变成了一只栩栩如生的千纸鹤。我情不自禁地睁大了双眼，惊讶地张开嘴，眼里满是羡慕之色，当下就默默地想："如果我也有她那样灵巧的双手，那该有多好！"要知道，我虽然要比同龄人稍微沉稳些，可我到底也只是一名普通的少女呀，也有一颗喜爱纸工的少女心呀！

　　就在这时，似乎是感受到了我炽热的视线，她抬起头来，一双水灵灵的大眼睛对上我的目光，圆圆的小脸蛋红彤彤的。"师父！"

她甜甜地叫了我一声，将我从无边的羡慕与遐想中唤醒。"哎！"听到她活泼的声音，我原本落寞的情绪一扫而空。就在这时，一个主意渐渐滋生，并且在以肉眼可见的速度飞快地生根发芽。"那个……敏敏……"我见她将纸鹤放在一边，生怕下一刻她就要起身离开座位，心里一急，犹犹豫豫地开了口。我猜我此时的脸肯定是涨红着的。"师父，怎么啦？"她转过头来，大眼睛扑闪扑闪，期待地望着我。"你……你能不能……"我的声音越来越小，仿佛没了底气一般，"教我怎么折千纸鹤呀……"话刚出口，我就后悔了，师父向徒弟学习折纸，这是多么令人难堪的事啊。大概我是这个世界上最不像师父的师父了吧！我原本以为她会把我嘲笑一番，没想到她却露出了她的招牌笑容，欣然同意："好呀！"说着，还从桌肚里拿出两张小纸片。一张给我，一张用来示范。我愣愣地接过纸片，脑子里所有的迟疑全部被我抛到了九霄云外。

"首先，把它对折。"她嘴上讲解着步骤，手里也不闲着，我连忙学着她的样子，将那张小纸片沿着对角线对折。她早早地折好了这一步，笑着告诉我不用跟强迫症一样折得特别标准。就这样，她一边讲解，我一边照着她的示范学习，没多久，我的指间也有只栩栩如生的千纸鹤。

看着书桌上那仿佛就要翩然飞起的千纸鹤，我兴奋不已。一转头，我们对上彼此的目光，默契地相视而笑。

抢遥控器

王路萍

　　夜幕降临，星星在天空中眨着眼睛。微风拂过，窗帘微微舞动起来，月光映过，仿佛披上薄纱。

　　"吱"，我缓缓打开门，门还是不免发出声音，在寂静的黑夜里显得格外刺耳。我探出头，环视四周，确保没吵到人后，蹑手蹑脚地走入了客厅，刚准备打开电视就在沙发瞄见了一个熟悉的身影。打开灯一看——爸爸满脸堆笑地坐在沙发上望着我。可恶！又晚来了一步。我坐在爸爸身边，笑盈盈地说："嘿嘿，爸，你看都这么晚了，老人家是要休息的，把遥控机给我呗？""你这是间接性说我老吗？不给，谁叫你来晚了！"老爸一副宁死不干的样子，把头撇到一边。"我好不容易放假，你就给我吧！"我哀叫起来。"No！No！No！不知道什么叫先来后到吗？"只见爸爸伸出一只手指在我面前摇了几下。还拽什么英文，真是的，不知道什么叫爱幼吗？我心里幽怨道，可嘴里还是少不了好话。接下来不管我怎么软磨硬泡，爸爸还是不把遥控器给我，反倒喜滋滋地看起了武打片。

　　我又试着抢了好几次，可是身高是硬伤啊！我只能用恶狠狠的眼神一直盯着爸爸。我满脸不高兴，嘴巴翘得高高的，整张脸如同一个受气的包子。爸爸见我似乎真的生气了，在我背后说："嘿，生气啦？大不了给你嘛，老是用这招儿，唉！"爸爸无奈地摇摇头，我斜眼望着他，我知道自己得逞了，一把抢过遥控器，喜滋滋地看起了电视。

夜再次安静了下来，听得见因风舞动的树叶发出的沙沙声，时不时也听见几声欢声笑语，传递着温馨。

我爱我的老爸，喜欢这个像孩子和我打成一片的老爸……

老 头 儿

郑海容

他是个老顽固，倔脾气，是个很难听从别人建议的老头。一直都嫌他啰唆，什么事都要很规矩，见面不打招呼能生你一个月的气。从来没有听他这么认真地讲过话，也不记得是因何而起，就这么听他絮絮叨叨的，这是第一次没有厌烦他的啰唆。这个老头子普通但又让人肃然起敬。

五零后的他，没有五彩的童年。幼年，因为"文革"被冠上了地主的罪名。但简陋的破屋子，又算得上什么地主家。被抄家，被掠夺，被赶入了祠堂。饥寒交迫，没有衣服可以穿，更没有粮食可以充饥。没有好成分，连读书都困难。他就这么在阴暗的岁月里撑着，撑着勉强读完了小学，又勉强读了一个学期的初中。

偶然间，听到有人说江西好，去不？天下着大雨，他披着蓑衣，趿拉着拖鞋，没有行李，只有七块零钱。走啊，去江西。南昌，是他一辈子都忘不了的地方。下了火车，孤零零地来到技术学校。当招生老师看到他时，说：你只有十三岁吧！这么小你只能学机修。谁都想不到，其实他十九岁了。身材却像个小孩子。我也奇怪，但我不敢问，也没资格问。他说，学校的伙食很好，每个月也会发五毛的零用钱，老师也很好，比起那个穷苦的家乡，这里更像家。终于过上了普通孩子的生活，终于长高了，尽管只是孤身一人，也足矣。他始终记得那个招生老师隔年又对他说："小伙子！长得很快嘛。"

听说牙医很赚钱？他要试试，不管怎样都要试试。每天都蹲在别人牙科诊所门口，偷师学艺。白天看，夜里想，看了这么几个月还真看出了一点儿名堂来；买器械，买工具，所有的青春都搭在了为生活拼命上，就这么全国各地一直走。即便是到后来，我的父亲出生了，他也未停止过自己的脚步。成分不好，出门要用徒弟的名，还时不时有人到家里来抢东西，活得憋屈，也不乏热血。他觉得一生当中最应该感谢的人是邓小平，改革开放后，终于脱离了苦海，苦日子熬到了头。

生意越做越好，盖起了新房，他的孩子不会承续他的痛苦，有模有样。不知不觉岁月磨炼了他。有了老年斑，有了皱纹，有了白发，甚至有了些痴呆。上帝欠他一个童年，还期是晚年。也难怪，他喜怒无常正像个孩子，父亲的十二岁在淘气，我的十二岁还在发呆，他的十二岁早已挑起了整个家的重担，也不曾被现实压弯了腰。

我父亲的父亲，我的爷爷。他的身体早已不如当年硬朗，但也从未感到老过或是输过。热情还在，希望还在，愿你一切安好。

甘蔗梢头

吃货的世界

罗 赛

这个标题，是我看着手上又一杯尽空的冰激凌定下的。其实你只要见过我，你就会知道我很爱吃，而且吃下去的营养都用来囤、积、膘！

我爱吃的基因一定是遗传我爸的。我爸，标准"三高"加啤酒肚，这些都是他用嘴打下的"江山"。衢州好吃的饭馆，都是他的地盘，烧菜的方法总是侃得头头是道，虽然从没见他烧过。综上所述，我真感谢我爸，是他让我拥有了一个"狗鼻子"和一个良好的胃，这是吃货必备的。

作为一个吃货，我必须得为吃正正名：吃也是一门学问，就如品茶和吃茶的不同一样。会吃的人往往精于烹饪，因为只有你对菜品的绝对熟悉，并能明白一道佳肴制作的不易，你才能真正品出美食中多种层次的臻美。

你完全可以通过吃来看懂一个人，一个国家。善于烧菜并且熟知菜品的人，一定是动手能力强、细腻、善于观察的人；吃饭不修边幅，不在意姿态的人，一定是大大咧咧、不拘小节的人；吃饭菜挑剔的人，可能是过于娇气、自傲，还兴许是大人物。因为他们见多识广，山珍海味尝惯了，对于菜品自然要挑剔一番。诸如此类，便是以食品人。我曾阅读过一篇文章，文中就某国的不同规格国宴的区别进行了深入研究，发现对待不同的国家或使者，某国会以不同的等级来分配不同的菜肴。由此看出，吃也可看出一个人或一个国家的重要性。

于美食而言，我也只是有了些门道的外行人，所以只能称为吃货。不过一直循序渐进下去，这吃的门道也终会吃出些本事来，最终学会如何用美食观察生活，观察身边的人，这样，你才能明白未来社会餐桌上的刀光剑影！

我的小仓鼠

于雅君

今天放学，我刚跨进家门，映入眼帘的是家里的两位新成员——两只可爱的小仓鼠。我惊喜不已，小心翼翼地捧出了两只仓鼠，仔细地打量起来。

一只小仓鼠背上有褐色的花纹，趴在我的手上瑟瑟发抖，一双明亮的小眼睛可怜巴巴地看着我，仿佛在对我说："你要带我去哪里呀？我会害怕的！"而另一只仓鼠特别好动，它低头闻闻这儿，嗅嗅那儿，仿佛对我的手掌感到非常好奇。

不一会儿，妈妈就催我做作业了，我偷偷地将它们放在了书桌上。过了几分钟，那只胆大的仓鼠爬到了我的本子上，它认真地看着我写字，有时它会微微点头，仿佛告诉我："这么难的题目都做对了，你真棒！"有时他会扯着嗓子叫一声，仿佛在说："这道题你做错了，赶快改过来！"有时他会轻轻地推着我的笔杆，仿佛在说："你的字怎么越写越难看了？写好看一点儿！"我不禁笑了起来，心想：这只小仓鼠是老师的转世吗？居然开始监督起我做作业来了。而另一只小仓鼠过了十几分钟发现没有什么动静，悄悄地从角落里爬了出来，远远地望着台灯，小小的脸上写满了疑惑，仿佛在想：这是什么东西啊？居然和太阳一样，把黑夜照亮了。

  这就是我的新朋友：两只憨态可掬的小仓鼠。虽然我们见面只有短短几个小时，但我们马上成了好朋友。看着它们，仿佛有永远看不完的故事。

外婆的白木耳

叶明俊

  炎炎夏日，暑气逼人，外面的世界简直就是一个巨大而又无形的蒸笼，空气也因炎热而变得扭曲起来。我忍受不了这炎热，便从冰箱里拿出一碗白木耳，往嘴里一送，那冰爽甘甜的味道瞬间将我带回了一年前的那个暑假。

  那年我十岁，父母忙于工作，便在暑假之际将我送到了外公外婆家里。一天，我躺在靠椅上看书。但是夏天的炎热之感使我怎么也看不进去，头顶的大风扇呼呼地吹着，可是风也是热的。

  放下书，正想要下去买根冰棒解暑的时候，外婆从厨房里走出来，双手捧着一个大罐子，里面盛着满满的，白中隐约透出烟黄色的小花。我小心地凑上去，仔细一看，原来是一大罐白木耳。"可以吃吗？"我心急地问。外婆笑着对我说："当然要给我的宝贝外孙吃，不过要先放在冰箱里凉一下，待会儿会更好吃。"我听了之后，催促着外婆赶紧放到冰箱里去。十五分钟过后，外婆打开冰箱门，将那微微冒着寒气的白木耳拿出来，放在桌子上，又拿出三个干净的碗，一一盛上白木耳。不等外婆开口，我便迫不及待地拿起一碗开吃起来，啜了一口，身上的热气好像在一瞬间都散去了似的，那又甜又凉又嫩的白木耳！外婆看到我狼吞虎咽的模样，慈祥地对我说："乖宝贝，别急，慢慢吃，吃不够锅里还有。"我点了点头，开始细细地品尝，慢慢地尝出了另一种奇妙的味道，隐隐约约，若有若无。外婆坐在我的身边慢慢地讲述着关于他们那个年代的故事，我边听边吃，渐渐入了神。许久，白木耳只剩下一点点了，我擦了擦嘴巴，舒服地吁了一口气。抬头间，看见外婆干裂的嘴唇，这才想起了自己刚才一时贪嘴，竟把外婆外公的那份也吃掉了，于是不好意思地对外婆说："外婆，对不起，我把您和外公的那份都吃掉了，害您没得吃了。"外婆摸摸我的头说："没事，厨房里还有呢，我再去盛点儿。"说完便起身，端着碗走进厨房。望着外婆转身的背影，我顿时明白白木耳中那若有若无的滋味是什么了，那就是外婆浓浓的爱呀！

　　想着想着，觉得口中的白木耳寡淡无味，远没有外婆炖的香甜。我毫不犹豫地拨通了外婆家的电话，电话那头传来外婆久违的声音。我说："外婆，明天我来您这儿玩，还要吃您炖的白木耳。"外婆开心地说："好啊，外婆炖一大高压锅让你吃个够。"外婆，您为我炖白木耳，竟如此幸福。您可知道有您这样的爱，我更幸福！

老 尧

徐以捷

  老爷子姓刘，名尧，大我五十多岁。自打出了摇篮，我就不管老爷子叫外公，我偏要管他叫"老尧"。老尧也不恼，每当我大叫一声"老尧"时，他总会欢天喜地地跑过来。

  老尧最近剪了一个比较"艺术"的发型。前半部分的头发很长，弯到两侧在脑门上形成一大一小两个"拱"，甩甩头，飘飘然，嘿，有点儿仙风道骨。不用说，老尧对他的新发型特满意。当我夸他"真像个艺术家"时，他掩饰住心里的得意，偏要说："艺术家的气质怎么是看发型？要有内涵！懂不懂？"

  还真别说，老尧肚子里的墨水可不是一点点。他经常叼一支烟，于"云雾缭绕"中在宣纸上挥挥大橡，时而行云流水好似笔走龙蛇，时而力透纸背几近入木三分。他从七岁开始练书法，如今七十岁常自嘲"顶多算个书家不算法家"。我被他追着赶着练完了《曹全碑》和《玄秘塔碑》，现在开始有一搭没一搭地学《兰亭集序》。老尧没有加入什么"书法协会"之类，他说太麻烦，我想他还是愿意"无官一身轻"吧。老尧说他本来是不打算从事书法行业的，他喜欢画画。我曾见他三笔两笔就在纸上点出一只水墨小鸡，看上去毛茸茸的，似乎下一秒钟就会"叽叽"地叫着来啄我的手。但是他却有色弱，这算祖辈传男不传女的毛病了，注定他无法与色彩打交道，于是他就只能投身白纸黑字之中。年轻时，有一次外婆叫他到地里去摘辣椒，结果老尧摘了好多青色的没成熟的辣椒混在红辣椒堆里一起带了回来，让外婆哭笑不得。老尧为此还跟外婆急："看上去不都一样吗？"

老尧是很有文化的。他擅长化学，在文史方面也颇有造诣。因此，他时常心血来潮，拉着我大叙一通。虽然有时他一絮叨就是两小时，但我还是觉着听他讲话大有裨益，无非就是语气助词"这个这个""啊""唉""是不是啊""懂吧"多了一点儿。他教我识字，教我背诗，他把他的期望注入我的姓名里：徐，慢慢地；以，达到；捷，成功。慢慢地达到成功，他告诉我欲速则不达，小妮子要"胜意从容"。

老尧是个慢性子。他慢慢地说话，慢慢地做事，慢慢地打太极，慢慢地拉二胡；他通过互联网观察天下，会"赞"，能"萌"，自封"潮老头一个"。老尧在街上看到些小零件都会拾起来收好，外婆说他"捡破烂儿"，老尧说不准哪天就会用到，果真有一次他就捡到了外婆需要的纽扣。

跟他相处我能学到很多，跟他相处我能开心大笑，跟他相处我能看他那个时代的沧桑。总之，就两个字：欢乐。

乡村的山,乡村的林

在这熙熙攘攘的城市里,我只能感受到奔忙的节奏与喧嚣的繁华。于是渴望宁静的我极目远眺,把目光投向更远处时,仿佛总能看到那久违的青山和树林。

那晚的月光

何明远

有了太阳的圣耀，才有了月的光辉。有了黑夜的笼罩，才让月光看起来那么明亮。月光一直保持着自己，虽未曾见过它把黑暗驱散，但它是不可或缺的。

在阳光下，人们乐观开朗，像是没有什么能挡住他们愉快的步伐。但是到了夜晚，人们褪去了身上的阳光，只有月光懂得他们，只有月光会给予他们安慰，只有月光来分享他们的心情。

清冷的大街正在为下一道光芒的到来而做着准备。现在，温柔的月光像纱一般覆在街上，也覆在人们的心头。

那个低着头的少年，白天的他在阳光之下，受到的是风光和白眼，他的内心像是映着月光的水潭那般易碎。当夜晚降临，只有月光透过他疲惫的身体看到了他内心的迷茫与彷徨。月光悄悄地向他聚拢，与他一同承受着疲惫，为他放松那已经不堪一击的内心。

淡淡的月光中，一位含着泪的老人漫无目的地走在大街上，漫无目的的他像是在找寻人生的目的地，也是终点。只有月光听到了他内心的哭泣，月光搂着这位老人。在这个夜晚，老人第一次未感到孤独。月光也许无法带走缠绕在他身上的病魔，但是能抚去他内心的不安与悲伤。

瞧那个迈着轻快步子的中年人，真不知道他在高兴什么，但是月光默默地缠在他的身上，像读懂了他心中的喜悦。月光也像是被染上了一层喜悦的色彩。

一位母亲抱着一个出生不久的婴儿在月光的海洋里散步，月光温柔地托起这个婴儿。婴儿与月是如此相似，天真、纯净、无瑕，月光也像是笑了，轻轻地在婴儿的额头上亲了一下，为这个孩子的未来而祈祷、祝福。月光的温柔和母亲的欣慰相融。月光伴随着她们一同在街上散步。

突然，一个男孩儿闯进了月光下，赌气的他随意找了一个方向便快速奔跑离开了他的家。月光跟着他，顺着他含着泪的面庞，知道了他的叛逆与自责。月光轻轻地洗去了他心头的情绪。男孩儿愣了愣，抹去了眼眶内的泪水，扭头向家的方向跑去。月光看着他的背影，笑笑。

那晚的月亮，带走了悲伤、迷茫、彷徨、天真、喜悦、欣慰、自责、任性和叛逆。但是月光仍不悲不喜，温柔地包容半个地球。直到下一个黎明的到来。

爱美的我·童年轶事

涂 林

现在的我很抗拒那些香气扑鼻的化妆品，可是每每闻到这味儿，一个小时候爱臭美的我就浮现在我的脑海中。

有一次，妈妈出门去了。门"咚"的一声关上了。这时，在偷听的我，便露出了狡黠的奸笑。嘿嘿！老妈走远了，我可以快活地玩啦！我小心翼翼地扭开门把柄，探出头来。左瞧瞧，右探探。可我觉这还不放心，便轻声叫道："妈妈！妈妈！"见没人回应，我便放下心来，长长地松了口气："真的出门了！"

我蹑手蹑脚地推开爸妈的房门，像小偷似的，迅速地从柜子里翻出了大小不同、高矮各异的瓶瓶罐罐。可我有些犹豫了，脑袋里跳出了一个小人："哎呀！你这样做不好吧！小小年纪就知道臭美！"可另一个小人立马反驳道："什么臭美？人家想要漂亮有何不好？""不好就是不好！""难道你不爱美吗？你希望自己是丑八怪吗？"……

我摇摇头，打断了所有想法。鼓起勇气，深吸一口气。准备在脸上涂脂抹粉。我拿起了打底液直往脸上抹。不一会儿，我变得白白的。但那时我依旧不满意，抄起粉饼，直往脸上拍。顿时，镜子里出现了"白骨精"。接着，我从工具袋里面，挑出最大的一只刷子。然后沾上了一些粉色腮红，用刷子毫无规律地在脸颊上画圈圈，妈妈平时好像就是这样刷的，嗯！再刷一会儿，应该效果更好。腮红刷好，就该画眼影了。我选了我最喜欢的金沙色，便开始在眼皮上大做文章。描一层，再描一层，三层应该够了吧？眼影画好了，接着我又快速地将睫毛和眉毛画好。"哈哈！搞定！"我得意地笑起来，还用力地拍掉手上的粉。

这时镜子里出现了一个焕然一新的我：腮帮子已经被腮红涂得像猴屁股似的，眉毛粗的像菜秆子一般，睫毛结成小块，像根根小木棍。我看到自己这般模样，不禁放声大笑。"咔嚓！"门开了，是妈妈回来了。她见到如此恶心的我，好气又好笑！不仅脸画得恐怖，手指甲也涂得绯红绯红……

随着年龄的增长，对于化妆越来越抗拒的我，回想起曾经的往

事，却依然很开心。只是这样的傻事，我不会再做了，也没有机会再做了。

老屋印象

阮承旭

这个周末，阳光明媚，风和日丽。我和爷爷、爸爸、表弟一行人回老家，去铜山源水库的源头——双桥乡看老太太。

在一路的欢声笑语中，我们很快到了老家。向老太太问过好后，爸爸提议带我和表弟去老屋，找找他小时候穿过的草鞋。我家的老屋在半山腰，是全村最高的一处房子，那条路杂草丛生，怕蛇的我一直没敢上去过。今天我要挑战一下自己。

我们走过半山长满杂草的小路和台阶，阳光透过树枝照耀到小路上，全是斑驳的明亮，林间小鸟叽叽喳喳的叫声平添了些许欢快，看见小松鼠在树上跳来跳去，我大声地叫了起来："真是个世外桃源啊，要是能在这里住一辈子，我就不会鼻子发炎了。"

爸爸打开门时，一股霉味扑鼻而来，我不由得捂住了鼻子，打了好几个喷嚏，对老屋的印象立刻差了许多。我和爸爸找了许久，也没有找到他小时候穿的草鞋，只见到几根草绳，爸爸说，可能是被老鼠拿去做窝了。说着，他打开了大衣柜的门，只见一道黑影窜了出来，差点儿跳到我的怀里，吓得我哇哇大叫，原来真的是一只大老鼠啊！我急忙跑了出去，心里顿时又对老屋增添了几分反感。我在门外等了片刻，爸爸走了出来，刚刚要关上门，突然从门缝里爬出来一只五颜六色的大蜘蛛。我问爸爸："这是什么蜘蛛？"爸爸说，这是一只有毒的蜘蛛，我急忙一个"佛山无影脚"踩死了它，啊，这是什么破房子啊，全是可怕的东西，我一刻也待不下去了。

回到老太太家，我第一时间和老太太说起了我对老屋的恶劣印象，老太太听了之后，笑了起来。她告诉我，爷爷小时候因为家里穷，小学毕业就没书读了，靠借同学的书看，才考上了工程师。造房子的时候爷爷才二十四岁，房子已经快四十岁了。她告诉我，爸爸很小的时候就勇敢地一个人在家睡觉，读书回来还要穿草鞋上山砍柴。他一个人在好几里外的村子读书，还拿了全县作文比赛第一名呢！随着老太太讲的故事，我仿佛看见了爷爷、爸爸两辈人在老屋中生活、学习的情景，我觉得，他们那么艰苦，还能努力去学习，我也要好好努力。

随着老太太的叙说，我进入了一个又一个故事中，我更全面地了解了我的爸爸，他再也不是一脸严肃的样子了。于是，我又爱上了老屋，它是两代人追求幸福生活的见证，和老太太一样，也是个可爱又宝贵的"老古董"啊。

乡村的山，乡村的林

赵忆嘉

从小就住在城市里的我，每天都能望见座座高楼鳞次栉比，车水马龙的街道上是行色匆匆的路人，热热闹闹的商场里是摩肩接踵的顾客。当夜幕降临，五光十色的街灯与闪烁的霓虹灯交相辉映，似乎要把整个城市照亮。在这熙熙攘攘的城市里，我只能感受到奔忙的节奏与喧嚣的繁华。于是渴望宁静的我极目远眺，把目光投向更远处时，仿佛总能看到那久违的青山和树林。

最让我无法忘怀的，还是乡村的山，乡村的林。离开繁华喧闹的大城市，背上背包，来到宁静而又秀丽的乡村，感受深厚淳朴的乡村气息。每次来到乡下，都要去乡间的小路上走走，欣赏周围的树林。一年四季，树林呈现出不同的色彩：春天，柔和的春风迎面吹来，只见树林上的绿叶随风摇摆，林是嫩绿色的；夏天，炽热的阳光照在树枝上，林是深绿色的；秋天，林海随着习习秋风像海浪似的波动着，林是橙黄色的；冬天，晶莹的雪花落在枝头，整个山村银装素裹，林是洁白色的。春夏秋冬，树林带给我的，是对大自然的奇妙而感到的欢乐与惊喜。

乡下的树林，带给了山里人愉快与丰硕。春天，整个乡村弥漫着淡淡的花香，生机盎然的树林里，孩子们三五成群，有的在抓蝴蝶，有的在采撷映山红……夏天，树林旁的小溪边总能传来银铃般的笑声，那是孩子们游泳嬉戏的欢歌，青山的倒影伴随着水波荡漾起美丽的舞姿，似乎是要与孩子们唱和呢！秋天，鸟儿在枝头叽叽喳喳地唱着歌儿，村里的人们背着竹篓，到树林里采摘各色各样香甜美味的硕果，享受大自然的馈赠。冬天，顽强的冬笋破土而出，勤劳的村民在竹林里挖冬笋，这可是迎接新年的美味佳肴啊！

乡村是诗意栖息的地方，乡村是生机蓬勃的地方，乡村是感受自然的地方。在这里，我能躺在大石块上，沐浴阳光；在这里，我能倚在树旁，倾听鸟鸣；在这里，我能穿梭在林间，寻觅芬芳。宁静的乡村，是能让我放空心灵的净土；秀丽的乡村，是能让我祛除烦躁的福地。

乡村的山，乡村的林，让我无法忘怀。

就这样慢慢长大

吴 晖

"大约八岁的时候，第一次读到人鱼公主的故事，抽咽得不能自己……大约十八岁的时候，很容易读出爱情……到了二十八岁的时候，竟深深关切起人鱼的家人来了……"毕淑敏的《常读常新的人鱼公主》中，有这样一段话。

的确，随着年龄的增长，人们看待问题、事物的眼光也会随之改变。小时候，每当我和爸爸妈妈一起看一部电视剧的时候，总会天真地问道："爸爸，这里面谁是好人，谁是坏人啊？"爸爸总是笑着跟我说："这里没有绝对的好人和坏人……"我当时很不理解这句话，心想着，好人就是好人，坏人就是坏人，为何会分不清楚呢？

后来，在一次讨论"善意的谎言"的时候，我对好人与坏人的看法有所改变。以前，总是认为好人就是一件坏事也没有做过的人，如果一个人欺骗了他人，那他就是坏人。可如果一个人是为了帮助他人而撒了谎，那他是不是坏人呢？就像曾经读过的一个故事，有个女孩儿喜欢唱歌却不自信，当她在公园里偷偷练歌的时候，有个老人经常为她鼓掌，老人帮助了女孩儿找回自信，他应该是个好人，我这样想着。从那天开始，我改变了心中对好人与坏人的定义，如果一个人做坏事是出于一个好的目的，那他应该也算是一个好人吧。

再后来，我看了电视剧《甄嬛传》，觉得里面的皇后很坏，经常害人，诡计多端。可过了不久，当我再看这部电视剧的时候，又会觉得她也不坏，只是有时逼不得已，无奈罢了。

现在，我仿佛能理解爸爸以前和我说的那句话了，世界上没有绝对的坏人与好人。"人非圣贤，孰能无过？"有些人，有些事，是人们所不能决定与改变的，世上也没有绝对的坏事和好事，凡事都有两面性。

随着时光的推移，我的人生阅历渐渐丰富，懂的事情越来越多，看法、眼光也渐渐改变。

我的怪脾气老妈

陈林洁

我有一个怪脾气的妈妈。她翻脸比翻书还快。为此，我不能忍受。所以我俩总是吵架。

记得有一次，她神经兮兮地跟我说："女儿呀，咱们考试没考好有什么关系，以后机会多的是，现在新闻爆料出来，有很多学生，因为考试成绩不理想就自杀了，你可千万别这样做啊！你无论考得怎样，我都不会骂你的……"

她虽这样说，但我依然不放心，绞尽脑汁终于想出了个试探她的方法。

一次数学考试后，我考得还不错，全班有十几个一百分的，当中也有我的一席之位。放学后我给妈妈打了电话,先以快乐的口气说:"我今天晚点儿回家,晚放学了。"妈妈平静地说:"好的,路上小心点儿。"我见老妈心情不错,时机成熟,立马转变话题:"妈,我数学没考好,才九十二分。"妈妈强装不在乎:"最高分几分?"我把声音压低了,更"伤心"地说:"一百分,全班有十几个一百分。"

妈妈的声音瞬间低了下来,那是失望、愤怒前的声音。她说:"回来再看,怎么搞的,这数学怎么这么差!你给我快点儿回来!"

我放下电话,心中暗暗自喜,一路上想着回家怎样面对妈妈。垂头丧气?不行,我会笑出声的。焦急?装不像呀!

想着想着就到家了。妈妈一开门就紧锁眉头,大声地说:"试卷拿出来给我看看。怎么回事!平时叫你多做点儿课外作业,你就是不做,现在活该!"

我笑了,笑得上气不接下气。妈妈一看我这表现,发觉自己上当了,她问:"是不是满分?快吃饭吧。"我说:"妈,你怎么变脸这么快?"妈妈死活不承认。

还有一次,妈妈更让我哭笑不得。

那次我俩在逛街,前面还是好好的,不争不吵,我们说着话,经过一段用链子拦着的路的时候,我跨过去了,妈妈一个不小心被绊倒了,她摔了一跤。本以为没事了,没想到她站起来后不理我了,我问她为什么,她说都是因为我给害的,要不是我和她讲话,她就不会摔跤了。

拿起日记本,日记中记着我与妈妈吵架后愤愤地骂她的话,也记着她为我付出时我感动的心情。回想此前我与妈妈吵架时的场景,我感觉时间在我手中流逝。我也发现我似乎长大了,与她吵的次数越来越少,我在无形中接受了她的怪脾气。也许是她对我的关心与唠叨让我感动,也许是雨中送伞让我感动……我们之间的冰雪正在融化,我深刻感觉到了"可怜天下父母心"这句话的含义。反思以前，我们俩都有错，没有百分之百地明确谁对谁错，既然这样，为什么不各自退一步，海阔天空？我理解妈妈，理解她的不易，我接受她的怪脾气。

外婆的鸡蛋羹

姜欣愉

外婆的鸡蛋羹永远都是那么其貌不扬，橘黄橘黄的表面泛着坑坑洼洼的褶子，其间夹杂着些许不黄不绿的葱段。但外婆的鸡蛋羹，却又是不可多得的美味。

外婆善于变废为宝，前顿的一小块肉，一片鱼干，一只虾仁都被"不合时宜"地藏匿在鸡蛋羹中，成为所谓的点睛之笔。

每一顿的鸡蛋羹总是我一个人的菜肴，坐在我对面的外婆一勺又一勺地把鸡蛋羹舀进我的碗里，堆起了一座小山，这座"小山"稍微低了一些，外婆又不厌其烦地舀一勺到我碗中。这时的外婆既不吃菜也不吃饭，她只是笑盈盈地看着我吃着碗中的鸡蛋羹。外婆在这时总是唠叨，她说，她看着哥哥姐姐们吃着鸡蛋羹一点点长大，如今最小的我也这么大了，她也老喽！我抬起头，外婆又将一勺放进我碗中，拿着勺子的手被岁月蒸得干巴巴的，皱纹横生的手背上青筋暴起，还能看到几个突兀的针眼。

妈妈说，外婆大病初愈，烧顿饭很累，我要多帮帮外婆。外婆堆满皱纹的眼角绽开了花，她说，为了我，再累都不觉得。她说，本来她和外公两人就要烧这么多菜，多了个我，不过是多了碗饭，多了碗鸡蛋羹，不累。外婆的鸡蛋羹中也藏着我的童年。我不止一次和姐姐在饭桌上因为一碗鸡蛋羹而大动干戈，以至于每次吃鸡蛋羹前，外婆都公正地用勺子把鸡蛋羹分为两份，一份给我，一份给姐姐。

笑盈盈地看着我吃鸡蛋羹的外婆总是陷入回忆，她总是说："当年那两个抢鸡蛋羹的孩子一眨眼就这么大了，能再给你们做鸡蛋羹的日子也越来越少了。"我和她一起盘点着我还有多久会上大学，吃不到她的鸡蛋羹。我说，还有七年，还能再吃好久。外婆总是万般无奈，她说："一个七年，眨眼就过。到时候你想吃也吃不到鸡蛋羹了，所以现在有空就多来我这儿多吃一碗鸡蛋羹也好。"

我曾无数次问过外婆她煮鸡蛋羹的诀窍，外婆总是得意扬扬地一笑："哪有什么窍门，不过是多放些酱油罢了！"尽管妈妈在煮鸡蛋羹时也遵循这个方法做，但味道却仍和外婆的鸡蛋羹相去甚远。

我知道，那是外婆的味道，他人再尽力模仿，也仿不出。

记忆中的古巷

杨佳明

这个星期六，我回老家。仿佛有一根细密的丝线，将我牵到了记忆中的古巷。

我好久好久没有回来看你了。你是那么古老，脚下的青石板一点点绵延向远方，苔藓在上面留下了岁月的痕迹。轻轻地抚摸你的身躯，墙上已有一股沧桑，凹凸不平的石板间夹杂着墨绿色的蕨藓。耳边响起了"叮咚，叮咚……"的声音，那是你身上流淌的血液。空气中弥漫着好闻的清香味，又是哪户人家为你点了松枝祈求福佑？那么多年过去了，你还是一点儿都没变，就像永远不会老的都敏俊，但其实已经满目沧桑。

还记得小时候，我和妈妈走在青石板路上，江南的雨季，使你特别潮湿。我眨巴着眼，望着你头顶的青天，乖乖地拉着妈妈的手。突然，我一不留心，脚下一滑，"扑通"一声坐在湿漉漉的青石板上，凉得透心，"哇"的一声大哭起来。妈妈抱起我哄着，带我回去换裤子。在我朦胧的泪眼里，好像映出了你慈祥的脸，听见了你的轻哄与安慰。

你是如此博大、如此慈祥！

夏天时，你是那么凉爽，叮咚的泉水潺潺地流过，我常搬一张小板凳，和哥哥一起，坐在你的臂弯里。我们嗑嗑瓜子，唱唱歌，听听水声，睡睡觉，不知不觉，一天就过去了。

妈妈说我傻。我喜欢趴下，亲吻你，青石板是干净的，经过泉水一浸，它有些甜，有些凉，就像甜甜的冰凉的白糖棒冰。我总啃得满嘴是沙，哥哥就牵我去泉边，冲净沙土。傍晚回家吃饭时，我仿佛看到你的双眼中流露出的那一份慈祥。

你是如此慈爱，你是如此伟博！

冬天时，空气的相对湿度很高，下过几次雪、几场雨后，你的头上便会长出一节节的冰条。小时候的我，常常拉了哥哥来用竹棍儿将冰条敲下，拿在手里玩，或当成武器装鬼子进村。我喜欢玩冰条，更喜欢吃冰条。但妈妈说它太冰，不许我吃。我就趁她不注意时咬下一大口来，妈妈转过身，我只含在嘴里，却被它凉得打战，还只能笑眯眯的。不过这经常被妈妈发现，便又少不了挨一顿骂。但我还是常常吃，也不管闹不闹肚子。在我敲下冰条的瞬间，我似乎听见了一丝问候，抑或是埋怨，说我打扰了你休息。但我分明看见你满是皱纹的脸上露出了久违的笑容。

你是如此宽宏，你是如此古老！

下一次再相逢，却不知是何时。

再会了，我记忆中的古巷。

邂逅秋桂香

——献给童年的桂花糖和树下微笑的外婆

徐沁钰

桂花大概成了秋天的标志，每次嗅到那桂花特有的香，便能发觉，秋天已降临在我们身边。自然，我的回忆也随着一起来了。

微带凉意的秋风中，桂花悄然绽放。一点点金黄散落在丛丛碧叶中，好像含羞的少女。这桂花一簇簇地集聚在枝头，这样多，这样盛，几乎压弯了枝条。阳光不再是夏天那样毒辣，只是柔柔地覆在这些小小的精灵上。分明只有黄色，但是在阳光下它仿佛成了光滑可鉴的丝帛，金黄、鹅黄、嫩黄抑或橘黄零乱地落在这丝帛上，好像是画家打翻了调色盘。每一朵花都有它独特的姿态，虽无比渺小，但却又那样精致，叫人心痒痒，想去抚它一把。

桂花没有梅的"逆风如解意，容易莫摧残"，也没有莲的"出淤泥而不染，濯清涟而不妖"。在百花中，她大概是极平凡的，没有艳丽的色彩，没有超凡的品格。而它的香，却是拔头筹的。细腻中带点娇婉，娇婉中带点清雅，浓而不烈，艳却不俗，可谓是大自然的香料，清新脱俗。拈那么两朵，只需轻轻一嗅，一股极淡的香便钻进鼻子里，叫人神清气爽。做一个香袋，揣在身边，那香便长久不散。

小时候外婆家门口有一棵很高的桂花树，大概是金桂。墨绿的叶，浓黄的花，虽比不上牡丹、玫瑰之流，却也赏心悦目，难得的是它香，家住三楼，风吹进窗来，夹着一缕专属桂花的香，极为惬意。

每当它柔和清淡的香随风入室，我便开始计划着桂花汤圆、桂花酒酿、桂花糕……接着就带上一个透明的瓶子和一些白糖，与外婆一块儿去采桂花。

踮起脚尖，探长胳膊，用力地仰着脖子搜寻躲藏在浓密枝叶后的花朵。轻轻地顺着枝头捋上一把，一小撮桂花便落在了掌心，轻轻拣去了小枝和枯花，小心翼翼地铺到一层白糖上。外婆执着瓶子，一边帮着我传递采下的桂花，一边加进白糖，脸上挂着慈祥和煦的笑容，瞧着自家丫头手脚麻利又急切地采着、拣着。

阳光真暖，瞧那一瓶子雪白和金黄，打开盖子，一股掺着甜味的花香冒出来，真是极有成就感的。吧嗒两下嘴，似乎桂花糖的香甜已落在唇间、舌上，年幼的我不禁傻傻地笑了出来。

场景又转移到了外婆的厨房，氤氲的热气中，外婆和蔼的笑容若隐若现，那一锅汤圆却分外清晰。一只只圆滚滚、白嫩嫩的汤圆在沸水中上下翻腾，配上桂花糖，光是闻起来就足够诱人了。真想直接捞一个吃啊！外婆舀起一只热腾腾的汤圆，送到我嘴边，笑意盎然中，香醇的芝麻汁儿烫了嘴，桂香洋溢在鼻间口中。那真是无比幸福的味道！

正因如此，它成了我最爱的花。李清照应亦是极爱桂花的，否则也不会吟出"自是花中第一流"的句子来。古往今来桂花香衔在人们口边，不知他们的童年有没有一位笑着的外婆和那诱人的汤圆呢？

绘画，我的梦想

徐 醉

我的所梦在云巅；
想去寻它天太高，
低头无法泪沾袍。

梦想赠我金画笔；
回它什么：废笔杆。

从此翻脸不理我，
不知何故兮使我惊心。

我的所梦在乱世；
想去寻它事无理，
仰头无法泪沾耳。

梦想赠我彩颜料；
回它什么：草莓酱。

从此翻脸不理我,
不知何故兮使我糊涂。

我的所梦在湖央;
想去寻它水惊心,
歪头无法泪沾裳。

梦想赠我玉画纸,
回它什么:如厕纸。

从此翻脸不理我,
不知何故兮使我梦醒。

我的所梦在艺堂,
想去寻它失高雅,
摇头无法泪如麻。

梦想赠我好时光;
回它什么:闲日子。

从此翻脸不理我,
不知何故兮——由它去罢。
以我笔,绘我梦。自力更生!

——仿鲁迅《我的失恋》

光里的 T 先生

傅 可

　　这个地方有些偏僻，可以说是常人不走的小巷，尽头，有一家欧式早餐店，店门前围起一块地方作为花圃，全种上了太阳花，金色耀眼的一大片，吸引人的眼球。透过落地窗，有时隐隐约约可以看见店的主人——T先生。

　　T先生四十岁出头，或许还没到。他又高又瘦，墨黑的发微卷着，不顺贴地伏在额头上。眼眶有些微陷，眉毛看上去总皱着，一副略显忧愁的样子。他鼻梁很高，望人时眼总微眯起来，感觉对任何事都漠不关心。这个人不常说话，甚至有点儿怪。只知道他最不喜提及春天。

　　穿过店的大堂，来到后面的小园。后面栽着两棵高大的枫树，其余的都是太阳花。夏季，小园里很凉爽，而T先生也经常待在这儿打理他的花。早晨，往他的花上撒些水，看水珠落在花瓣上，折射出光的另一种色态，闪得耀人，像枚钻戒。

　　太阳光更强了些，快到中午了。好在两棵枫树间隔比较大，于是便拉了张吊床，T先生喜欢躺在上面午睡。盛夏的中午总是酷热的，树底下还阴凉些。光直射在树顶，间或穿过叶缝散落在贫瘠的土地上，纵横交错的点点光斑就像沙漏里的沙粒，也像夜空的繁星。或许

T先生比较喜欢傍晚的光线。

每当傍晚,夕阳西下,后面的小园里总会出现那把花纹精细的白洋椅。T先生耷拉着腿,半仰着身子坐在上面,脸对着悠远的夕阳,不紧不慢地吐出一个又一个暗灰的烟圈。烟圈飘向空中,被夕阳打成金色。余晖有时正好落在T先生脸上,他眯着眼,安安静静地望着,直到天边染上夜的色彩,连着最后一缕消失在地平线。

小园里的枫叶开始慢慢变黄枯落,那是秋天到了。每年初秋,T先生总是凭空消失几天,然后又悄无声息地出现。在他不在的这段日子里,后门那欧式格调的玻璃窗前会出现一束扎着红丝带的太阳花,工工整整地斜靠在玻璃上。风轻轻地卷起丝带的一角,随即又飘落。一缕稀薄的阳光透过窗射进屋内,有些惨白无力,如飞絮一样迷蒙。这束花是谁送的,还是T先生自己放的?不得而知。

寒冷,湿腻,是冬天来了。这时的小园很荒芜,花谢了,叶落了,毫无牵挂地,什么东西也没有了。没有耀眼的光,T先生的脸显得苍白。他坐在窗前划拉一本日记本,以万年不变的表情写写画画。突然,T先生扯扯脖子上的红围巾,直起身走开了。寒风悄无声息地溜进窗缝,摆弄起书页,照片一角露了出来,看来是张全家福。T先生捧着热茶回来了,坐下对着照片发呆。照片的背景是开得粲然的太阳花,像阳光一样炽热。他对着照片叹气,热气无目的地散开,直接消失在冷淡的空气里。

春天来临时,T先生搬走了,从此杳无音讯。他仅留下了太阳花和一个关于夏季的秘密。只依稀记得,T先生在阳光里惆怅叹气的样子,就像他丢失了属于他的阳光,不再回来。

甘蔗梢头

用力握紧你的手

朱 潇

现在，我看见的这双手，那么苍老，都是褶皱，就像粗糙的树皮。让人不觉心酸。

我记得，这双手曾牵着我走过泥泞的小路，喧闹的集市，繁华的街道……无论何时，无论何地，我总是紧紧地握住这双结实的大手。爸爸总是拿大灰狼的故事对我说："大灰狼喜欢抓独自一人走在街上的孩子，你只要抓住爸爸的手，大灰狼就不敢抓你了。""真的吗？"我半信半疑地问。"当然了。"于是，我把爸爸的手紧紧地拽住，一刻也不放松。每一次出门，我都会第一时间就拉上爸爸的手。这双手，是我坚固的依靠。

我还记得，上小学了，爸爸还是每天坚持都送我去上学，到了校门口，爸爸的大手便要和我的小手分离了。独自一人走进校园，心里空落落的，哪儿哪儿都是窟窿的感觉。一直到了放学，看见爸爸的那双大手在向我挥动，我的心里就像飞进了成百上千只嗡嗡歌唱的蜜蜂，别提有多高兴了。我飞跑过去，又紧紧地握住了爸爸的手，有种失而复得的感觉。"大手拉小手一起走，走进音乐的殿堂……"这双手，是我快乐的旋律。

我更记得，这双手还为我变过精彩的魔术，虽然很简单，却能

让我惊讶得张大嘴巴，带给我无限乐趣；这双手还给我做过丰盛的佳肴，虽然没有五星级大厨做得那般美味，却有股神奇的魔力，能让我乖乖吃下满满一碗饭；这双手还在夜间帮我盖过被子，虽然我会踢掉，但他一次又一次地帮我盖上，让我第二天起床神清气爽……这双手为我做过的事多如天上的繁星，数也数不清。这双手，是我幸福的源泉。

现在，我已不再是那个每时每刻都希望拉着爸爸的手的小娃娃了，我长大了，如今我也明白大灰狼的故事只是爸爸善意的谎言。可是，爸爸那双结实的大手依旧在为我辛劳着。当我伤心时，他会沉默着走到我身边，用那双大手抚摸着我的头。现在，我清清楚楚地看见那双曾带给我无限温暖与安全感的手是那么粗糙，那手上爬满的褶皱是爸爸为我辛劳了十三个春秋的痕迹啊！

这双手，从我蹒跚学步到现在，一刻都没停下过。这双手尽管粗糙，但在我的心里依然温暖、结实。这双手一生值得我用力握紧！

我努力读懂自己

缪辛越

有人问，一个人怎么会不了解自己呢？也许，他是幸运的，他能清清楚楚地认识自己，看透自己。而有些人却对自己的一切是迷茫的，他不懂自己，对自己的某一方面是未知的。也许，我就是这一类人吧。

我曾经做过一个梦，梦中的情景我现在还记得十分清楚：大雨倾盆，四周模糊一片。在那白茫茫的世界中，我失去了方向，就这样伤痕累累、跌跌撞撞地在泥泞中奔跑，却怎么也找不到世界的尽头。

　　我的梦想是成为一名漫画家，听上去好像有些荒唐、不切实际。但我坚信，有梦就有美梦成真的时候！小时候学习美术，只是喜欢随便地涂涂画画，说不上是真正的喜欢。大人们也就当作是培养兴趣。略微懂事后，渐渐对美术产生了爱好，便成天大言不惭地嚷着长大后要成为一名伟大的画家。大人们听了，一笑而过，并不当真。长大后，明白了许多，也懵懵懂懂地知道了大人的世界。开始更多地接触美术，有了自己的梦想，认真地表达我所想要的未来。大人们却说我还小，考虑事物总是太过美好，长大了就能明白了。那一瞬间，我似乎一下子跌进了万丈深渊，内心中的某一处在隐隐地痛着。逆风奔跑，迎面吹来的风，凌乱了我的头发，模糊了我的双眼。真冷，是心在哭泣吗？

　　如果长大就意味着要放弃我的梦想，那我宁可不要长大。大人们说梦想，它不是梦，也不是空想，不是喜欢就可以。愕然，我坚持了这么久的梦想就只是单纯的喜欢吗？我有真正地努力过吗？我对未来的一切只能是美好而虚渺的幻想吗？

　　面对这些问题，我竟无言以对，我没有答案。明明是自己口口声声说自己热爱美术；明明是自己承诺要打起十二分精神来学习美术；明明是自己发誓要永远朝着目标努力前进。却为何，我在这时失去了回答的勇气？第一次，我对自己的梦想产生了疑惑，感到迷茫。就像那个梦一样，我迷失了方向，在浩无边际、没有依靠的世界中，我奔跑着，却只能在那没有尽头的路上垂死挣扎。内心陷入了恐慌，现在的世界高手如云，比我优秀的更是数不胜数，我又算得了什么呢？在我眼前的只是一片陌生的海洋，我是一滴泪，坠入大海的一瞬间，我将消失在无尽的大海中……

我越来越看不透自己了，为什么要这样无谓地倔强着。我真的错了吗？几个月前，在书房偶然发现了我三年级时的笔记本。笔记本的扉页上工工整整地写着这样一句话：加油！只要还有梦，就不要怕输！看着那行幼稚的字体，我问自己："我是怕输吗？"不，什么是输？只有放弃的时候，只有自己认为无论如何费了好大的努力还做不到的时候才叫输！我的字典中永远没有"输"这个字。要是有，也只是"还没赢"。比起懦弱与自卑，我想用更多的付出与努力去守护属于自己的梦想。

梦想真的好渺小，却又是那么伟大。梦想啊，说不清的二字。我，总是要为梦想奋斗的。

一缕阳光透过树的缝隙斑斑驳驳地洒在书页上，画笔宛如一只翩翩起舞的彩蝶，在洁白的纸页上飞舞着。原来，一切都是那么美好。

我想，我已经读懂自己了……

那声音，常在心田

杜梦芸

"叮嗒，叮嗒……"那熟悉的音调再次回荡在我心中。

发烫的石子路无力地向前延伸着，路上稀稀落落的行人望着低着头的庄稼叹息不止，路旁的庄稼像垂暮的老人，毫无生机。这个秋天的收成何处有着落？

秋老虎，让原来充满丰收喜悦的一切失去了应有的气氛。

不知过了多久，仿佛是打了个盹儿的恍惚间，天空像气愤的老人，阴沉了脸。天空被乌云吞没，雷声从远山飘来，愈来愈近，并没要戏耍我的意思，风也如雄狮一般撕扯着嗓子怒吼着，时强时弱。雨倒是温柔，很轻很小地滴落，生怕吵醒了万物休息。霎时，不知是谁放了音乐，雨跳起舞来，它争先恐后、毫不留情地降落，丝毫没有空隙。

我闭上了眼，屏息静听这突如其来的雨奏起的乐章。

它落在雨伞上，"啪啦啪啦"地，又滑落在地上，"啪"地发出声响；跳在河里"叮嗒叮嗒"像一位著名的音乐家，弹出优美动听的轻音乐；打在叶子上，又滑向另一片叶子，一片接着一片，这就是音乐老师说的自然的音阶吧！雨落在万物上，发出不同的声音，交汇成了最美妙的合唱。

声音渐渐小了，音乐要结束了，阳光成功地从云朵里越出，照亮了世界。庄稼挺起了身，放眼望去，仿佛饱满的稻谷已经成熟。这雨后的一切都如此清新洒脱，而更令我沉醉、留恋的是雨奏出的那优美的乐章！

雨的声音，回荡在我心中，那声音除了叮嗒声，还有它悄悄告诉我的那番话——我们的人生应该时刻准备接受暴风雨的洗礼，等雨停了，前进中苦难的疤痕就不见了，多的是坚韧和不屈。

奶奶的煮豆腐

崔兢之

每周六，我都要去奶奶家吃饭。而最令我心驰神往的，就是奶奶的拿手菜——酱汁煮豆腐。

奶奶买的豆腐四四方方的，显得那么其貌不扬，零星的小褶子显露出这来自于标准的农家制作。做菜时，奶奶会拿着菜刀，一刀一刀地把豆腐切成长方形的薄片备用，然后在锅里先放入一点儿油，等油烧热了，便把切好的一片片豆腐小心翼翼地放入锅里，锅里顿时响起了"噼噼啪啪"的响声。这时，奶奶会把火关小一些，让豆腐在油锅里煎一会儿，还会时不时地翻动其中的一片豆腐，看看它的表面有没有泛出金黄色，直到那一面被煎成金灿灿的时候，奶奶就会小心地把锅里的豆腐全都翻个面煎一煎。接下来，奶奶就会往锅里倒上事先准备好的酱汁，让豆腐慢慢地在沸腾的汁水里翻滚，奶奶说，这样做出来的豆腐才会入味，更可口。奶奶的酱汁，总是来自熬制几小时的高汤，几分钟后，香飘四溢的煮豆腐就新鲜出炉啦。

煮豆腐的味道也很特别。一块豆腐入了口，会感到嘴巴里热乎乎的，你要知道可不只是嘴，还有身、心，那香气和鲜味随之而来，扑向你的五脏六腑。舌头微微向上卷，豆腐便立马软化，被唾液组成的"小船"载入了食道，而满嘴留下的是豆腐拌酱汁的独特香味。我现在还记得小时候我在奶奶家中第一次吃煮豆腐的情景,那次我把肚皮吃得鼓鼓的,还一个劲儿地说着"我还要,我还要"。奶奶在一旁笑得乐开了花。

奶奶最喜欢看我吃她烧的酱汁煮豆腐。每次我吃煮豆腐的时候,她都兴高采烈,神采飞扬,一看那神态,好像霎时年轻了十岁。她经常说:"你多吃点儿我就高兴了,一定要多吃点儿啊。"而我呢,当然也不能辜负她的希望,每次有煮豆腐,我就使劲儿吃,既有口福,长辈又高兴,真是一举两得啊!

妈妈也曾仿制过奶奶的煮豆腐,可无论色、香、味,都要逊奶奶的煮豆腐一筹,怎么也仿制不出来像奶奶那样的煮豆腐。

这就是奶奶的煮豆腐,天下只此一家,能品尝到真可谓是我的福气呀!

青春林荫路

徐靖涵

总是在杜鹃鸟的啼叫中,
睁开眼看到草叶上的清澈露珠。
收拾收拾心情,点缀点缀笑容。
呐,加油吧,因为前头的路还很长。

阳光跳过叶间,

在草上调皮地转动。
指尖轻抚小鸽子的羽毛,
松开它脚上的银色铁齿。
喂,小动物,小心脚下伺机而动的危险哦。

树林间的聚会怎么可以让花儿缺席,
不然它就会突然盛开在前方带给你惊喜。
风带起的发丝和花儿纠缠在一处,
就像现在我们的脸庞一样那么灿烂。
嗨,微风儿,
请把我们的笑容保存在青春的驿站。

前面荆棘地上的尖刺看起来好恐怖,
不能进退的感觉一点儿也不好呢。
那我们就一起冲过去吧,
像火焰跳动的欢快节奏。
喏,你看啊,其实这一点儿也不可怕。

路过了荆棘后就是夕阳了呢,
渲染天边的红霞真是好看。
像是画布上的层层叠叠,
鲜明地占着视野的前方。
呀,我们得歇歇了。夕阳过后就是天黑,
当然是自己的休息最重要啊。

安心,快睡吧。
明天的路,比今天还要长。

我咋这么傻呢

梁钰雯

鄙人今年芳龄十二，相貌不丑，但却总被老妈说："你怎么那么傻啊！真不知道这基因是怎么遗传的！"是啊，作为一个"抑郁症"兼"强迫症"的早期患者，我曾说过一句好经典的话："我觉得，我只要不得癌症，不患老年痴呆，就是上天对我的恩赐了！"

是啊，每天做作业时都上演着这样一幕——我火急火燎地拉开自己的两个大柜子，三个小柜子，头上冒着几颗豆大的汗珠，翻箱倒柜地找着我的作业本，原本柜子里的东西翻得到处都是。然后迅速地把老弟赶出我的房间，边赶还边骂："八成是你把我的作业本给拿走的！"

不一会儿，地毯上、床上、书桌上，到处都是被翻出来的东西：上个星期丢的画画本找到了，前天丢的钢笔被翻出来了，早上没找到的饭卡也安详地躺在我的书桌上。我不禁越想越生气，愤怒地把额头上的汗珠一挥，火冒三丈地坐到了座椅上，但是感觉有些怪怪的。"咦？屁股下的是什么啊？"我跳起来一看，原来正是我的作业本！我不禁傻眼了，重新调整好心情，准备做作业，但是一看眼前的书桌，"漫山遍野"的全是东西，刚刚发现的中性笔又不见了踪影。我再一次颓丧地坐回椅子上，等待着老妈以百米冲刺的速度冲进我的房间,"踏"破我的房门,然后接受着暴风雨的洗礼……

前有马小跳挤牙膏写作,后有我梁钰雯突发奇想造字。我记得我二年级时有一次的家校本是这样写的:"令天,我大高兴了,应为爸爸妈妈带我去外面期晚饭。我期了好多箱可乐,肚子都破了,真的真的真的大高兴了!"现在,每当老爸老妈提起这件事时,看着他们笑得满地打滚儿,我都恨不得找个地缝钻进去,但因为地太硬了,我又钻不进去,所以只好尴尬地朝老爸老妈笑一笑,然后再一次求他们不要再提这种陈年往事了。

最近一次被别人说傻,是在暑假世界杯的时候。作为一位"资深"的女球迷,每天深夜守在电视机前,是必不可少的。我印象最深刻的是荷兰与墨西哥的那场比赛。或许是因为年幼无知吧,我信誓旦旦地向球友打包票:"这场比赛肯定是墨西哥赢!"但我又何尝会知道,荷兰是比墨西哥更胜一筹的呢?到后来我才知道,其实荷兰的那场比赛,是有很大胜算的……但是出于面子,我仍旧不悔改,于是乎,我灰溜溜地输掉了那场比赛。从那天起,连续的几场比赛,我都猜错了,于是,从此我又多了一个称号:"赌神"——赌什么,什么输!

其实我犯傻的经历还有很多,比如在去年的期末考试上拿了99分,就是因为把2+2算成了5;再比如和老爸出去钓鱼,自己反倒被鱼给"钓"到了水里。但是,或许是傻人有傻福吧!每次考试,我都考得比自己预期的好很多,每次以为会挂科,但次次都九十分以上,甚至名列前茅。而且可能就是因为我"傻",我总是比别人乐观很多;可能就是因为我"傻",我比别人更知道向着学霸靠近;可能就是因为我"傻",我总能面对一切危难,依旧笑着往前走!

呵呵,这就是我。一个像麦兜一样,很傻很天真的我;一个像猪八戒一样,傻得很可爱的我;一个像大耳朵图图般,以呆萌为自豪,以古灵精怪逗乐别人的我!

唉，但还是会时不时地感叹：我咋这么傻呢！

等 待

吴欣睿

　　还是在那个路口，那个转角，屋檐破裂渗进阳光的一角，他还是那样拿着打火机，抽着烟站着。在那一缕缕被初阳蒸融的烟雾里，汗珠划过他脸颊，流进深陷的皱纹，又溢出滴落在地。我不知道他等了到底多久，但每次离开时，他沧桑的面容总是有一种捉摸不透的感觉，瘦弱的身躯中散发出一股淡淡的烟草味，与思念紧紧凝合在一起。他总是抽着烟，在那儿站着，目光的落点永远是同一个地方……

　　七月上旬，那些时日忙得很，天天都要在烈日下暴晒一阵，为的是等车。空闲时总是爱四处张望。来往的人群很杂，不过大多低头看手机，要不就是戴着耳机安静地听音乐。现在时髦的潮流，早就湮没了那些古板或是着装过于朴素的人。上到七十岁的奶奶，下到三岁的小孩儿，很少有人会带着农村的乡土气息在大街上晃荡。那身另类的服装是我注视到他的关键。

　　每天，穿着白色吊带背心的他手中总拿着根烟，贪婪地吸食着那香烟的味道，然后紧抿着的嘴松开，沾着唾液的烟被完全浸入了空气之中。他吐了一口气，白烟吐出的动作掩盖了他连连的叹息声。那凝望远方的神情中流露的是一种说不出的感觉，那般迷离，那般忧伤。沧桑的眼眸那般深邃，仿佛无底的沼泽，无限地在沉沦，越来越

迷茫。

　　我忍不住与他交谈几句，但他总是不语，当作没听见。没人理他，那古怪的脾气让我们所有人都唯恐避之不及，纷纷的议论声也在他的背后散开来。轻蔑、冷淡，人们隐约间不停地诉说着他的故事，越传越不成形，越离谱。但每每看到那佝偻的身躯，艰难地拄拐移步的时候，总能读出他裹藏的脆弱。他用冷漠将自己伪装在纷扰的世界里。

　　他在企盼，凝重的神情中总流露出想把世界看穿的感觉，他因为儿子无声无息地"卷款私逃"，整天愁眉不展，脾气更是阴云不定暴怒无常。我似乎看见那悄无声息的落泪，那般忧愁，那般悲哀。他就一直在那儿，坐在那张破旧的木椅上，撑着可以扭秧歌的桌子，用手罩着双眼，苍苍两鬓白发，不可计数。他在等待，在等待着儿子回来的那一天，等到儿子真正懂得爱与孝敬的那一天，哪怕只是一瞬间的念头。

　　我听见了，听见那被风吹得沙沙响的树想要静止，可风依旧无情地刮着它的枝叶……

我咋这么二呢

姜雨晗

　　倒霉的事情年年有，今年好像特别多。这不，我又出洋相了。

　　那天早上，天气转凉，妈妈N次叫我快点起床，我死赖在床上，做最后的挣扎。妈妈边梳头边发出"狮子吼",给我下最后通牒:"赶快起床,穿上枕头边的长裤。"我知道母老虎的威力,从被窝里跳出来,看看枕头边的运动裤,又大又肥,胡乱扔进衣柜,精心地找了条自己最心爱的牛仔裤套上。老妈一看,说:"我不是把裤子放在你枕头边上吗?今天有体育课你怎么穿牛仔裤呀?"我边刷牙边回答:"没事,运动队这两天不训练,体育课运动量不大的。"时间快来不及了,老妈也没跟我多较劲儿。

我们一起来到学校,开始了我悲剧的一天。上体育课的时候,老师教我们练一百米起跑。作为学校运动队的一员,这是我的拿手好戏,轮到我们这组了,我带着点小得意下蹲,准备在同学们面前露一手。"各就各位——预备……"在老师的口令中我用力蹬腿,撅起屁股,只听"嘶"的一声,屁股上传来阵阵凉意,好像没穿裤子一样。

"哈哈,大家快来看,姜雨晗穿开裆裤了……"眼尖的同学就像个大喇叭一样奔走相告,旁边的同学像看小丑一样蜂拥而至把我围得水泄不通,然后哄堂大笑,连金老师也捂着嘴在笑。

我转身一看,天哪,裤子从屁股到大腿裂开了一道大口子,丢脸啊!我的脸慢慢地从粉红变成朱红甚至暗红,红的区域也从脸上扩散到脖子,甚至全身……当时真的恨不得挖个地洞钻进去,马上从这个世界消失啊!我在大家放肆的笑声中一屁股坐到地上,沮丧、后悔。

最让人无语的是下课了,我总不能像一棵树那样坐在地上等着发芽生根吧。我像个贼似的偷偷站起身,尽量把裤子往上拉,使劲儿把衣服往下扯,可是破洞实在太大,挡不住。

正当我一筹莫展的时候,走过来不少同学,一个同学把他的外套递过来让我围住腰部,这样就挡住破洞了;另外一些同学走在我身后,围成了一个保护圈,一起护送我向妈妈办公室走去。

哎,出洋相的日子真是让人郁闷啊!这件事已经过去很久了,但是仿佛就是昨天发生的,那个囧样,那种纠结,无法用语言表达。

如果时间能够倒流，那么我会按时起床，妈妈看有时间一定会强制我把裤子换了；如果时间能够倒流，那么我不会只顾时髦，会乖乖地穿着运动裤上体育课。怨谁呢？

世界上没有"后悔"药，总是抱着偷懒和臭美的心理，到头来还不是自找苦吃？

渺小的星辰

徐 瑶

他，是小区物业为了迎合有关部门的检查而招来的保安。他没什么亲人，每天的伙伴不过是小区中的退休老人，但他很喜欢小孩子，每次总是喜欢在我放学后，用他那奇怪的方言和我讲讲话，还经常拉我到他简陋的保卫室吃他刚煮好的年糕。可是我莫名地对这样一个老人有些抵触。因此，我总是极快地走过保卫室。

但是尽管如此，他依旧热情对我。

有一次，我和妈妈因为一点儿鸡毛蒜皮的小事吵了架。我赌气地跑到了楼下，坐在小径的石凳上哭。突然，他出现在了我的面前，他贴身的棉衣棉裤外只裹了一件大衣，应该是刚从保卫室的床榻上出来。他看见了啜泣不止的我，把我带到了他狭小的保卫室，说那样会暖和些。他笨拙地安慰着我。我隐约能明白那方言的意思，不过是一些让我别哭的话。

看我没反应，他又变戏法似的拿出了几个橘子，剥开，递给我。

他像一个老小孩儿一样做着鬼脸，又像一个黔驴技穷的小丑正在使尽浑身解数。也不知什么时候，我渐渐停止了哭泣，抽噎地和他讲了事情的经过。

"快回家吧，你妈妈肯定担心了。"还是那浓重的口音。

也许，他又看出了我心中的倔强。于是，他带着我回到了我家。他那浓重的口音在家门口又响了好久。

生活还在继续，这件事也已被我当成一个小插曲，最后在我脑中被藤蔓封住，但这件事丝毫没有改变我走过他保卫室那极快的脚步。

过了很久，突然听说隔壁那栋楼有一家被盗了。作为保安他一定很愧疚吧，我想。于是，我向妈妈询问了他的近况。"你说那个看门的爷爷呀？他一个多月前走了，回老家了！许是在城市里，太孤独了吧！"妈妈说。

回忆如海潮，一丝无名的自责感涌上心头，他就像我的亲爷爷一般对我那样好，而我却想办法避开他。

天空没有痕迹，而鸟儿已经飞过。不应该的我，渺小的他。说他是星辰再合适不过，他像星辰那样渺小，却在我心中洒下太阳般的光芒。

又见枝头吐新绿

  第一次看到枝头上的那抹绿是初进这校园。彼时,尚且懵懂的我觉得任何事都很美好。枝头上的嫩芽宛如羞答答的小姑娘,躲在旁人不易察觉的地方,将自己的美好包裹。可又含着某种期待,便"犹抱琵琶半遮面",引人动心了。那时候的我总是这样觉得。

电　话

刘　辰

　　下雪了，过年了，古都南京城里洋溢着浓浓的年味。大家喜气洋洋地忙着置办年货，赶着回家探亲。但那时正值青年的爸爸因部队需要留在南京的部队战备值班。天空中飘着鹅毛般的大雪，爸爸目送着离开部队回家探亲的战友，望着那雪地上留下的串串脚印和眼前的那道营门，不由自主地想起家乡的亲人来。

　　大年三十儿的夜晚被绚丽的焰火点缀得分外灿烂，震耳欲聋的炮仗声中透露着人们快乐的心情。过年了，此时部队的食堂里灯火通明。留下来做饭的老兵一个个红光满面地用菜铲搅拌着大锅里的水煮肉。浓浓的肉香透出了食堂飘向营区，勾住了值班战士们的念想。

　　此时的爸爸正在值班室里，浓浓的肉香勾起爸爸的情思：她在干什么呢？是不是在忙？还是在想着我呢？爸爸想着想着嘴角不由地勾起了微笑。爸爸现在多少孤单啊，偌大的寝室只有他一个人，剩下的战友们都到夫子庙去玩了。多想找个人聊聊啊！爸爸不由自主地抬起手看了看表，嗯……去给她打个电话吧。还早，嗯，还是等会儿吧！

　　同样是洋溢着过年喜气的家中，妈妈正帮着外婆准备着年夜饭，外公则在门外和舅舅一起拉开了一卷大红鞭炮放了起来。"噼啪"的鞭炮声让妈妈不由得向窗外看去，这鞭炮往年不是他放的吗？往年他

总是喜欢买回许多鞭炮、烟花，在家门口一个劲儿地放，看他那股傻劲儿……想到这儿妈妈不由得抿嘴笑了。他现在怎么样了？这么冷的天，不知道穿上我送的那件毛衣没？妈妈停下了手中的活，抽出身去给爸爸打电话问问。

"丁零零！丁零零！"妈妈刚碰到话筒上的手突然触电般地缩了回来。刚才平静的心绪仿佛被扔下石子的水面一样泛起了波纹。是他吗？他打电话来了？"嘟——嘟——嘟——"听着电话中的铃声，百里之外的爸爸心乱如麻，手指不停地敲打着桌子。电话通了该怎么和她说呢？这大过年的打招呼也要特别一点儿吧！但自己一向嘴笨，卡了半天不出声不是糗大发了！但就算听见她的一声"你好"也好啊。那等待接通和不想被接通的心情缠在一起。

在那个下着雪的夜晚，两个年轻人在电话前不言一语，但好像可以听见彼此的声音。那"嘟——嘟——"的声音就如一根细长的红线将身隔两地的年轻人的心紧紧地牵在一起。

眼　　神

余奥纯

眼睛是心灵的窗户，那眼神是什么呢？是心灵的流露吗？是的，眼神让你捉摸不透，让你吃惊，让你震撼。

星期六下午，我和姐姐一起去逛海洋展，那一条条五彩斑斓的鱼儿，那一个个神奇的物种，都让我们兴奋不已，似乎每条小鱼的眼神里，都充满了笑意。

　　这时，一个工作人员抱着一条黑漆漆的，似乎还挺瘦的东西出来了，像扔垃圾一样扔在地上，便快步离开。身后一阵尖叫，我定睛一看，天啊，鳄鱼！我一下子也尖叫起来，随即兴奋了起来：我还是第一次看到真鳄鱼呢！想罢，连忙狂拍照片，似乎鳄鱼的每一次昂首，每一次迈步，都成了我心中最帅气的姿势。

　　那鳄鱼似乎感觉到了什么，回头看了一眼，我本想拍个"回眸一笑"，却一下子怔住了。

　　我，看到了那鳄鱼的眼神。好像一刹那间觉得这只鳄鱼弱不禁风。那种眼神，简直无法用语言来形容：痛苦、绝望、饥饿、迷茫，甚至带着一种哀求——带我离开这儿吧，我再也受不住了！求求你了！

　　再看这只鳄鱼，我一下子觉得它是那么瘦小，好像营养不良似的，瘦巴巴的尾，干巴巴的身体，皮肤似乎都开裂了。记得科学课上说，鳄鱼是爬行动物，离不开水。可这只鳄鱼，我可以想象它似乎几天都没喝过一滴水，离开了自己最亲爱的家，来到这个陌生的地方。它的嘴，被胶带缠得紧紧的，我好几次看到它用它那干瘪的爪子去抠那个胶带，企图把它弄下来，可它怎么办得到呢？

　　再看它的眼，仿佛浸满了泪水，可怜巴巴地看着我。那一刻，我不再相信什么鳄鱼的眼泪是为了调节身体盐分而流，因为那眼神告诉我这是真正从心里流出来的痛苦而可怜的泪水！它曾经也一定是一条快乐的鳄鱼，有自己的生活，有自己的幸福。可就是有一些人，把它带到了这里，让它承受如此的痛苦。凭什么？它也是一条生命，它也应该得到属于自己的自由！海洋展，人类的快乐！动物的悲哀！

　　再看那些鱼儿，我觉得它们的眼睛不再水灵，它们的眼神不再高兴而欢畅，而是都散发着一股被圈禁的痛苦和对自由的向往。

　　我走出了海洋展，心中却依然烙着那眼神，让我心疼，让我难过，让我震撼！那眼神，足以让每一个人感受到动物的不幸和人类的残忍！

衢州烤饼

徐小涵

在衢州久负盛名的小吃有许多许多，其中我最喜欢的是衢州的烤饼。

衢州烤饼历史悠久，已经很难找到根源了。烤饼也叫烧饼，因为饼是贴在炭炉上烘烤至熟，所以大家都叫它烤饼。

烤饼采用的原料主要是白面、葱花、猪肉，另外也可以按照顾客的要求加入霉干菜、榨菜等不同材料。烤饼的面皮先是放在装满葱的盆子里，拿起来上面沾满了葱，然后用勺子舀一点儿肉放在葱上包起来，压平就放入特制的炭炉中烤了。不过，如果是大的烤饼要用擀面杖擀成大而圆的形状再烤。炭炉开口的直径有一尺左右，但炉膛却很大，这样可以在炉子内形成对流，香味能得到很好的保存。不过问做烤饼的人，他们多半说这样的设计便于尽可能地多放点小烤饼。烘上一会儿，小烤饼开始"吱吱"地流油，香气也从狭小的开口处冒出来，等表面变成焦黄色之后就可以食用了。

刚出炉的小烤饼白里透黄，还散布着一些略焦的小黑点，能从缺口中隐隐看到不规则的绿色。咬一口，浓郁的香味自口中化开，虽然包的是略肥的肉，可感觉一点儿也不油腻，软硬也刚好，平时避之不及的葱也没了那股辛味，反而和肉的香混合一起，分外诱人。

"一座衢州城，半城烤饼香。"烤饼的香味让人忍不住咽口水，迫切想去尝尝。尝过后，味蕾就会被那与众不同的香味俘获，这也是衢州的烤饼最吸引外地游客的地方。我杭州的小外婆每一次来我们家，我妈妈总会起早去买一大袋烤饼让她带走，可见烤饼是多么受欢迎啦！

衢州烤饼，我的最爱。

18点24的光阴

方昕婷

残叶中荡漾着深秋的残响，又是该与太阳说再见的时候了，但它还能帮我一个忙——用残霞照亮通向山顶的路。

山并不高，但作为一名体育差生，我还是累得气喘吁吁。晚风还留着桂花的香气，轻轻地从身边吹过，留下一时的凉爽。西边山头的小床已为太阳铺好，上弦月早早地弯在树的枝腰上，好一个惬意的家伙！

下午6点的天空已拉下了结束的帷幕。山林变得幽静，时不时冒出一声蛙叫，衬着断断续续的蛐蛐声。脚下的松枝与落叶"咔嚓咔嚓"地响着，清脆而动听，使我情不自禁地放慢了回家的脚步。

明明没到山脚，地势却突然平坦了起来，阡陌的一边是一块原野，不算广阔，却有一番大自然独特的美。大片大片的野雏菊在皎月的照耀下更显纯洁与高雅，花间冒出的一两株流苏样的野草，弯腰垂

在花蕊上。略带倦意的萤火虫轻轻地停靠在花上，却又见一道流萤，花上的一点儿金光没了踪影。

不知何时起，感觉耳畔有母亲的呼喊，幻听吗？管他三七二十一，我加快了回家的脚步。那一瞬的灿烂定格在18点24的光阴，在记忆海峡中变成了一道抹不去的光。

树影婆娑，将月光切得稀碎。偶然一点儿星光映在半个拳头大小的橘子上，落下一个半透明的青涩影子。竖耳期盼着什么，四周却无一丝声响，寂静逐渐演变成了骇人。只一刹那的工夫。

山脚下灯火阑珊处，父母正与友人相谈甚欢，我的回来反而终止了这场小小聚会。

"那么晚去哪儿疯啦？"妈妈突然问道。我不禁回首望了望身后那座青黑的影子，深沉而宁静……

这里也有乐趣

黄豆豆

时光飞逝，岁月犹如大海的波涛，一波波冲刷着这里，这里的一切正在被销蚀。

小时候，外婆家的天很蓝，水很清，时时可以听见鸟鸣声。外婆的房子不高也不漂亮，大门出去有棵很大很大的老樟树。老樟树腰身很粗，要好几个大人才抱得过来。在树下捡根带丫的樟树枝，就是我的"枪"，用这把"枪"，我能"打仗"呢。外婆屋边有一小片果树林，我爱躲在里面，翻翻这个，挖挖那个，经常把小鸡小鸭追得满地飞跑。那时，我正上幼儿园。

稍大了些，外婆家变了许多，门口泥巴路变成了平整的水泥路，来往的车偶尔要停在门口休息一下。家中也购置了电动三轮车，舅舅出入城区卖菜，也方便了不少。渐渐地，家中人来人往，聚了好些人气。一到晚上，桌前就聚了一群陌生人。母亲便牵着我，一个一个认：大外公、小外婆、二舅舅、三阿姨……三姑四姨等一群亲戚认完，大家才坐定。外公则红光满面，一杯杯地喝着酒。我虽不喜欢陌生人，但喜欢热闹的气氛，当然也喜欢那总是由陌生哥哥夹给我的鸡腿。吃完了，屋内便冷清下来，此时我便乖乖地坐在外公床上，看着各种动画片。那时，我刚上小学。

更大了些，外婆家又变了。门口水泥地的一角堆起了高高的砂石料，果树林已被推平，打下了新地基，外公和舅舅打算再造一幢楼房。淘气的我叫来小我两岁的弟弟在砂石料上一起玩新游戏，我们称为"挖水库"。双手齐刨，在沙堆上挖了一个坑，灌上水，我们称之为"水库"。在水库工作的姨夫看了，教导了一番。我们改进装备，拿了铲子、锄头，"飞沙走石"地大干一番工程。不一会儿，挖到了水泥地，一个大窟窿出现，倒上好几桶水，大功告成。我们俩乐呵着，一边喊着"开闸——放水——"，一边挖开一个缺口，水倾泻而出，淹了门口一地。直到母亲一脸怒气赶来，对着满脸土灰的我们一阵数落。可是，这浇不灭我们心中的热火。第二天，我们依旧兴致勃勃地大干一场。那时，我上小学三年级。

升入五年级，家乡还在变化。车子越来越多，门前屋后以及村道上经常停满了。拥挤进村子的还有各类施工队。安居房、新高中学校、通讯站等，陆续地在外公的村子里扎根。我和弟弟他们只好跑到小河边，用竹枝支起架子，烤起了番薯，吃得不亦乐乎。偶尔被邻居抓住我们这种岸上"纵火"的恶行，解送到外婆那儿。外婆看着我们的馋样，就让外公给我们烤上正宗的番薯。外公烤的番薯，外焦内黄，那香味叫人直流口水。

现在，到外婆家的次数少了。每次回去发现我们曾经奔跑的田野少了，这儿冒出一个新的建筑物，那儿造了新的一条大路。前些日子，听外公说，村子可能要整体搬迁了。

我坐在岸边，看着河水不断冲刷、剥蚀着河床。隔岸灯火通明，大楼林立。回望村庄，那一棵百年老樟树和在它掩映下的外婆家。夜幕下，天上的星星一闪一闪。也许将来的某一天，这里会永远消失。但是希望天上的星星和这棵老樟树，能永远保存着这段历史，记住这里的点滴快乐。

星星点灯

丰牧子

他推开窗子，满天繁星，夜色很好。远处灯火璀璨，一片"火树银花不夜天"的繁荣景象。看着这美好的夜晚，他不由得心潮澎湃，想起了一切：多少个不眠之夜，同样的一片天，同样的一块地，同样的一群人，这十年发生了怎样的变化啊！

曾记得十年前的他，是怎样莫名其妙，脑子一热，跑到这穷山沟里来的，这个位于贵州西部最落后的地区。那天他下车时，一下就惊呆了，这是怎样的一个地方：没有公路，没有楼房，没有热闹，到处是破破烂烂的。时光似乎倒退了五十年。他有点儿犹豫了。

过来迎接他的老支书，是个当地人，满脸沟壑，一副饱经风霜的样子。他至今还记得老支书握着他细嫩的手时，那粗糙长满老茧的手是怎样硌得他手痛。

"年轻人，真勇敢哪！这可不是大家都愿意来的地方，希望这里能留得住你！"老支书诚恳地说。

后来他知道，以前也有人过来锻炼，但待不了一年就走了，所以对于他，村民们也没抱多大的幻想。但村民们迫切希望改变现状的心是火热的。

那天晚上，睡在山村硌得全身发痛的木板床上，他久久不能入睡。当时的星空也如今夜这般璀璨，很美，很静谧，但他的心却难以平复。留还是走？那是个问题。一个人均收入不到二百元的村子，怎么致富？他想起了自己的家乡，一个沿海小城：私家车，别墅，人头攒动的大商场……看着窗外灿烂的星空，突然想到：黑暗的夜幕才彰显星星的光环，未被开垦的处女地才显示自己的价值，既来之则安之。他决定了。

伟大的"新农村"建设计划开始了。他每天马不停蹄地翻山越岭，勘探考察，不知道磨破了多少双鞋，磨破了多少层皮，其中的辛酸只有自己知道。有好几次，从山上滚下来，吓坏了同行的村里人，但他还是坚强地挺了过来。有好几次，为了跑项目，他在外面风餐露宿，热脸贴人家的冷屁股，但他还是忍了下来。他失去了很多，但也得到了很多。村里的路终于修到了山脚下，外面世界的小车终于可以开进来了，山里的特产也可以下山了，东面山地上种上了四季的果子，西面的梯田也种起了高山蔬菜，农家乐搞起来了，村里的亮化工程搞起来了，村民们累了也笑了。

十年弹指一挥间，最辛苦的日子过去了，他从一个风度翩翩的少年郎变成了成熟睿智的庄稼汉，十年改变了他，也改变了这里。看着星空，他想，每一个梦就像一颗星，只要自己努力，就可以绽放最美丽的光芒。

"天其实并不高,海其实并不远,人心其实比天高,比海更遥远,星星点灯,照亮我的前程,用一点光,温暖你我的心。"听着这首《星星点灯》,他笑了。

我真高兴

何忆萱

还记得那双清澈的眼睛,还记得那一句句感谢的话语,是的,我放弃了眼前的利益与快乐——但是,我真高兴。

现在的我渐渐成熟,也在不知不觉中学会了大人的精打细算,增添了一份对"人事"的思考。

那天,我去帮妈妈买面条,那种面条我们家已经吃惯了,一把五元。于是,我拿了十元钱来到菜场。那是个不起眼的摊位,其他摊主总是处心积虑地把自己的摊位往菜场中间挪,因此,角落里,冷冷清清的只剩下她们家的面食摊。一块塑料板,一些自制的面食,一张小板凳,还有一条大黄狗,这便是母女俩的全部。小女孩儿扎着马尾辫,趴在塑料布上,似乎听不到菜场的喧闹,蹙着眉,认真写着作业,母亲则在一旁绣着十字绣。

"买把面条。"听到我的声音,母亲立刻起身,拍拍腿上的灰,麻利地为我装好了面条。

"女儿,找钱。"听到妈妈的命令,女孩儿立刻一骨碌爬起身,接过我的钱，从盒子里拿出一张纸币递给了我。

我定眼一看——五十元！顿时，一股狂喜电流般激遍我全身。我小心翼翼地攥着这张纸币，赶紧逃离。面对这笔"横财"，我激动不已。我真高兴！五十元对我来说可不是个小数目，花五元钱竟赚了五十元！红晕飞上了我的脸颊，这是一种难言的快乐，就像孩子偷吃了李子，一口咬下去，却是酸的，还带着令人咂舌的涩味。

这时，我不禁停下了脚步。一种内心的不安瞬间抹去了我短暂的快乐。我清醒意识到，在今天，也许五十元钱对普通人算不了什么，但对于那对母女，这就是十把面条的代价呀！刚才我的行为不禁让我低下了头。我不再做与自己的内心相悖的事，不再多想，快步冲回那个角落。

"阿姨，您多找了。"那位母亲茫然地望着我，突然一拍大腿，说："啊，不好意思，孩子找错了，真谢谢你呀，谢谢……"女孩儿抬起头，忽闪着水灵灵的大眼睛，如深深的泉水，那么清澈……

我真高兴！我用五十元钱换回了我的诚信，换回了我的人格，更换回了我的成长。

那一次，我长大了，这，难道不值得高兴吗？

我的选择

徐致远

阳光灿烂的一天，已经成了某公司老板的我，正在为又一个分公司的建立选择最好的地方。这个地方真的不错，环境优美，交通便利，实在是一个创业的好地方。而当地的相关部门也有出让的打算，于是我带着公司的一些成员赶紧前往视察。可是就在一座小山的脚下，一南一北刚好有一个幼儿园和一座敬老院，当地的陪同人员告诉我，只要我定下来，学校和敬老院马上就拆掉。我和我的下属们到幼儿园和敬老院门口转了一下，就回到了休息的地方。面对大家的催促，我却陷入了沉思……

"好孩子，不怕哦，不怕哦，一会儿就好！"我耳边响起的是黄老师的嗓音，那是我又摔伤了，黄老师正在给我涂药水呢，我安心地依偎在黄老师的怀里，真的什么也不怕。黄老师是我幼儿园的一个老师，据说教我的时候快退休了，看上去胖胖的，和蔼可亲。她会在她的课上给我们讲故事，教我们剪纸，陪我们做游戏。黄老师说："做人一定要快快乐乐的，小孩子要会笑，喜欢笑的人往往运气好哦！"三年的幼儿园生活，除了知道自己是天天都开心得忘记了家和妈妈外，别的事情基本都忘记了，可是黄老师的这句话却不知怎么地记得特别牢。所以从小到大，我都特别喜欢笑，而且是发自内心地笑。可是刚才明明就站在了那个幼儿园门口，我也听到了里面传来了孩子们欢快的笑声，我却发现我怎么也笑不出来。

"纽扣又扣错了，你看你的衣服，都歪了，你什么时候才长大啊……"我又听见那熟悉的带着乡下口音的普通话，这是我外婆的声音。那时候她才六十来岁，身材胖得像个弥勒佛。因为妈妈和爸爸不在一起，而妈妈又要上班，于是外婆就从山里来到了城里，然后她就成了我的贴身"保姆"加"保镖"了。一天到晚就忙着给我做饭，洗衣服，送我上学，接我放学。

饿了，催我吃饭；冷了，又叫我添加衣裳。这期间，还要教我各种生活的本领。因为外婆说："以后，外婆总要离开你的，你是个小男子汉，必须学会自己照顾自己。"扣纽扣就是其中的一项。可我总

是粗心，动不动就把纽扣扣得歪歪扭扭的，然后就会招来外婆的一顿说教，直到后来住校了，外婆才回到乡下，但时不时地还会来城里看我，看见我瘦了，就责怪妈妈对我照顾不周。刚才站在敬老院门口的时候，我隐隐约约看到了几个老人在里面，其中有一个胖胖的身影，我看着既像黄老师，也像我外婆。通往大门的路只有一条，可我却没办法让自己的脚步再迈进一步。

"徐总！徐总！"我的秘书小李把我从沉思中拉出来，"我已经和建筑部门取得了联系，他们正在赶来的路上！一切都已就绪，只等您的命令！"在场的职员、当地的相关人员都安静下来，静听我的选择。

"告诉他们，我已经决定了，学校和敬老院决不能拆掉，而且还要把它们看作公司的一部分。""可徐总，这会影响我们的计划！""可我认为，这两处建筑，一处是人生梦想的起点，而一处则是老人的寄托，我们不能为了一己之利而去扰乱他们的生活。我的外婆告诉我，穿衣服的时候，第一颗纽扣错了，下面的纽扣就会全错，'己所不欲，勿施于人'，我们就把这一件事当作我们公司的第一颗纽扣吧！"说完，大家沉默了一会儿，然后都热烈地鼓起了掌。

我站起来，望向远方。此时天空一片蔚蓝，竟连一丝云彩也没有。我整了整衣服，挺直腰板，迎着正午的阳光，微笑着走向更美好的未来。

怀恋·乡间炊烟

饶心月

虽被岁月垂钓着，却仍有一条漏网的鱼逃到了我的记忆里，漾起圈圈水波。

丝毫没有准备，就这样被感染了。心里酸酸的。真真切切地浮现在眼前的是心灵深处缠绵柔情的景儿呀！像浅浅的乡愁，缓缓地升腾，牵动我心里的故事。

多少回，霞云满天的时候，在徐徐的微风中，和伙伴们玩耍，听着比自己还淘气的回声，全然不顾祖母焦急的呼喊。

多少回，夕阳西下的时候，背着书包，穿过林荫小道，欣赏着如明镜般的溪水逗引夕阳。水，一半如翡翠般绿，一半如玛瑙般红。夕阳，却是橙黄的，像熟透的橘子，整个村庄一片金黄色。

多少回，点点灯火的时候，袅袅炊烟升起，听见母亲亲切的呼唤。晚风，传得很远，很远。我们追随着，欢快地跑进家中，享用香喷喷的晚餐。

西天的灿烂，渐渐地淡了，淡了……云散了，雾起了。而此刻，炊烟成了傍晚最别致的风景，飘散着，氤氲着，诗意般的，浅浅的惆怅，淡淡的怀念。

袅袅飘散着的，本来就是一个多情的梦啊！

不知不觉，我深深沉醉在这缓缓消散的、转瞬即逝的感觉之中，让我怦然心动，浮想万千。

或许，人就是这样多愁善感的吧！或许，炊烟就是这样梦幻，这样缠绵吧！

那个梦境在我心中挥之不去了，成为我的寄托，我心的依靠。

晚风温和地掀开小村庄淳朴的一页页典故，万家灯火陆陆续续地亮了起来。炊烟消散了，天黑了。村庄宁静得可爱。劳累了一天的人们，正围绕在餐桌前吧。

月亮悄悄地爬上树梢，星星也不闹了。夜深，很美。朦胧中，我又听见了祖母亲切的呼唤。想象中，袅袅炊烟弥漫着村庄，夕阳下祖母的身影又浮现在眼前。

而窗外，明亮如昼，喧闹不止。难忘啊，小村的容颜！难忘啊，缠绵的炊烟！

就这样慢慢长大

黄　茜

都说，书是我们最忠实的伙伴。我爱看书，许是遗传了老爸吧。走进我的房间，映入眼帘的便是一个满满当当的书柜，上面摆满了各式各样的书。空闲时，我喜欢去里面抽出一本，靠在藤椅上，在书香中消磨时光。

我和书，打小就结了缘。听妈妈说，我满一岁时她带我去商店买东西，我突然咿咿呀呀地指着一本书，叫嚷着想让妈妈带我过去。妈妈被我吵得不行，只好拿了一本小人书放在我手中。书一到手，奇迹般地，我就安静了下来，乖乖地靠在妈妈怀里，傻笑着看着那本书。自此，书正式进入了我的生活。

六岁时，我爱看《西游记》。那种绘图版的《西游记》是我百看不厌的宝贝。那手持如意金箍棒的孙悟空，扛着九齿钉耙的猪八戒，挑着担子的沙和尚，无一不是我心中的大英雄，好榜样！记得那时自己最爱看孙悟空和妖怪打架，那种天昏地暗、你死我活的场面看得我热血沸腾，恨不得跳进书里，和那妖怪也斗上几百个回合。

过些年，我十岁了。十岁生日那天，妈妈送了我一本《草房子》。精致的封面，厚实的纸张，散发着墨香的字迹。很快，《草房子》成了我的"新宠"。当我看到桑桑在三伏天里穿上大棉袄时，我会捧腹大笑；当我读到桑桑为了纸月而和大他一圈的人打架时，我会在心底暗暗地给他加油；当我看到红门倒闭，杜小康被迫辍学时，我会黯然神伤。也许年幼的我不知"草房子"代表着什么，但那些文字已足以打动一个十岁孩子的心。我开始近乎痴迷地爱上了书。

如今，我十二岁了。不再幼稚的我开始向内容高深的书进发。我爱上了《红楼梦》——这部曾被张爱玲放在心尖的书。我也不再只是读个大概，那些动人的描写我会仔细研读琢磨，反复咀嚼。我会暗笑刘姥姥进大观园时的惊讶，我会感叹贾宝玉和林黛玉不得善终的爱情，我亦会唏嘘那些家族的兴衰。《红楼梦》不仅让我学到了许多诗句，它更教会了我许多人生道理。

现在越来越繁重的学业让我少了许多阅读的时间，但我还是喜欢在星期六的下午抽出一本书坐在藤椅上消磨时光，书陪我走过了八个春秋，它真的是我最忠实的伙伴！我的书在慢慢变多，我也在慢慢长大。

让我们就这样慢慢长大，在书香的熏陶中，慢慢感受人生的真谛……

又见枝头吐新绿

杨逸凡

我漫步在校园，望望那不知名的树，惊讶地停下脚步。

第一次看到枝头上的那抹绿是初进这校园。彼时，尚且懵懂的我觉得任何事都很美好。枝头上的嫩芽宛如羞答答的小姑娘，躲在旁人不易察觉的地方，将自己的美好包裹。可又含着某种期待，便"犹抱琵琶半遮面"，引人动心了。那时候的我总是这样觉得。

等到了五年级时，我再赏那绿，却未得那番景象。嫩芽还是隐匿于细小之处，无声无息，仿佛销声匿迹。她还没挨过凛气，还在孤独地承受着寒冷。于是她把自己藏起来，不愿被人们发现，也不想到那个外面的世界一探究竟了，仿佛她也明白这个世界，在生机勃勃、温暖的春天伊始也会有冷冽如刀。她弱弱地挂在枝头，一不小心就会坠落于土地，那身绿色也不再明亮而跳跃，倒有些黯淡了，却也是她的一缕希冀。至此，我总是轻轻一叹，即使那声音谁也没听见，我也没有，却点入了我和她心中的那个小小世界。

如今我再见到了她，她挺立于风中，高挂于枝头，身上的绿色仿佛有了气概。那是一种力量，那种力量和凛冽的寒风不同，它仿佛是一张网，向你的心扑来，牢牢抓住，包围着。你为之震撼，却也叹息：那是颗怎样坚强而又温柔的心啊！我立于她足下，心中不免感

叹：这就是种力量，于我，更是份勇气。是面对困难、面对未来的勇气，是面对不那么美好的世界的勇气，更是面对她、面对我自己的勇气。那绿在我心中久久不息。

那动人心弦的绿在寒冷中，在枯枝上仿佛更有了种责任。不仅为她先前的零落，所留恋的自然，还有她自己。我亦如此，担负着学校、老师和父母的期望，也是为了实现心中坚持了多年的目标。或许会很累，但我不会再害怕，因为那绿色在激励着我——我与你一模一样。

我轻轻地走向她，抬手轻轻地抚摸着，并未折下。"嗨，你好。"我在心底对她说。那一刻，我感到了前所未有的感动和满足，或许还有些涩涩的，却是万分轻松。那一刻，我恍惚中看到她也笑着对我说："嗨，你好！"

我的两位老师

郑睿妍

我最难忘的是我小学六年级时的两位语文老师。一位姓周，一位姓徐。

周老师的右嘴角边有一颗黄豆大小的黑痣。在我的记忆中他是一个很高大的人。我的父亲与他是二十多年的好友，小时候我常常坐在他的肩膀上，他的肩膀很宽，很高，坐着很踏实，我从不担心会从上面掉下来。后来他成了我的语文老师。

考试前夕，信心几乎被打得全盘解散。他把我喊到了一个没有人的小办公室。我的手指紧紧地揪着袖子，不敢抬头看他。"老师相信你可以的！"低沉而坚定的声音在我头顶响起，我的内心咯噔了一下，缓缓抬头对上了他那双充满信任、肯定的眼睛，里面的光芒如蓝宝石般耀眼。我是多么幸运啊，一个连自己都放弃了的人，别人还如此地信任着。我也开始反思与悔恨，自己为何就轻言放弃，眼眶渐渐蓄满泪水。

在校内汉字听写大赛报名时，我如飞虫对火那般，渴望去参加，可是面对其他高手我又退却了。他拿着报名单指着我说：还缺一个人，你去参加。经过三轮选拔，留下了二十余人。第三轮留下的，是可以参加"汉听"培训的。遗憾的是，我并不在其中。晚上，父亲告诉我，我也可以去参加培训。很久之后我才知道，他怕我在台上失了面子，所以没有让我继续比下去，但是培训我可以和他们一样去参加。这是他告诉爸爸的。

很可惜，很可惜，后来他不知什么原因调离了我的身边。但徐老师悄然莅临了我的生命。

八月下旬，我如期去参加"汉听"的培训。我不是正常入班的学生，这使我紧张与羞愧。据说这位培训的徐老师是一位文学造诣极高，知识极为渊博的人。我想，像这样的大师是不会欣赏走后门的学生的吧。我变得焦虑，有些担心。出乎我意料的是，在开学前几天，她发来了一条短信：欢迎郑睿妍同学来参加汉字听写培训。这位素未谋面的老师如此细心，她维护了一个学生敏感又脆弱的心灵与小小的自尊。在一个好强的孩子的眼睛里，这样的老师，是多么慈爱，多么伟大啊。我开始期待与她的见面。

终于，我见到了她。她与想象中的差异很大，并不像三毛书中的那样：高跟鞋，窄裙，花衬衫，卷曲的头发，口红，项链……她穿着一身淡雅的中式复古长衫，脑后盘着一丝不苟的头发。

她异于普通的老师,她并不古板,教学很新颖,很有趣。她会和我们交流表情包;有学生爆粗口她会让我查一下字典,好好理解这个词的真正意义;她会教导我们假如喜欢谁就去找她,她给上上课;我去套她话,她嘴巴总是比脑子快……

她真的很随和,就像一个老朋友。

不知我前辈子积了多少福,可以遇见这样两位老师,真的很感谢,很庆幸。

谢谢。

草 稿 纸

孙熙炜

考场上,只有笔在试卷上移动的声音,我被放在了一张桌子上,笔尖正飞快地在我身上滑过,不断地在我的各个部位产生墨痕。如果你还未发现我,请向铅笔的右侧看——我就是那外观被涂画的肮脏不堪的草稿纸。

我原是一株生活在原始森林边缘的无忧无虑的参天大树,每日有鸟兽相伴。突然有一天,一个钢铁怪物吼叫着驶入了原始森林,我和我的同伴被一片片地砍倒在地,并被送上火车。我刚开始十分高兴,认为自己会成为木炭为人类带去温暖,可没想到的是我们竟被送往造纸厂。我在水中看着自己越来越薄的身体,忍不住落下泪来。最后,我被人从池中取出,享受那最后的阳光。环顾四周,我已是一张薄如蝉翼的纸张。鸟儿再也不会回到我身边了。

但凡为物，必有其用。我被重新切成一片片并制成一本精美的册子，成为一个品学兼优学生的草稿本。每每他在难题上有所突破时，都会换来老师的赞赏与同学的敬佩。那时，我内心真是高兴极了，他们在赞扬他，不也是在赞美我吗？若无我，他岂能写出如此完美的解答，如何能习得一手漂亮的钢笔字？我感受到了另一种快乐，不只是与伙伴在林中游戏，更是为他人贡献，受到赞扬。

我余下的时间已不多了，那位小主人的手马上就要触碰到最后一页，但这不是最重要的。要知道，我一生中收获了很多，他人的赞扬是一个极好的肯定，我要尽我最后的力量，让我的主人有地方可写、可画。我痛苦，但这和收获的快乐岂能相比？我也为那个试卷上的满分做过努力，为难题的突破铺出道路，为他一路"矫若惊龙"的书法字的展现提供了场所……

已是最后一页，我的生命马上要结束了，回顾一生，我已无憾事，安心地合了眼。

我的诸徒弟们

姜舜议

我门下有四位弟子，都是大智若愚之辈，皆各有本领。故若善磨炼自己，则可为国器也。看官欲知哪四位否？容余一一道来。

吾之大徒弟，姓张，名语棵，无字，法号智灵（其乃第三代徒，排号"智"字辈），身长五尺，额头方阔，浓眉大眼，面如重枣，唇色绛紫，长鼻微钩，双耳近肩，头发极短，远看似无，故诨名曰"法海"。其智商甚高，凡其所爱之文，汝言上句，其便能对下句，可见其才。然其心智未熟，纯洁如婴儿，不知人事。

吾之二徒弟，姓姜，名磊。法号智空。他生得剑眉风目，前额大而凸，下巴弯而钩。嘴如血盆，牙如排刃，面色白净，也属聪慧之类。然其慧太过深潜，故此君不尝以其为念。其性格舜明多变，时宽宏海量，时蜗肠鼠腹。而其之咳嗽，更是十分骇人。一日自习课，此人正在喝水，忽一作业本飞过，他眼疾手快，闪身躲过，却呛了一口水，不由得放下水杯，咳了起来。但见其双手掐喉，血盆大口张开，舌头直绷如骨，双眼紧闭，肺一收缩，便有怪音，初为霖雨之声，更造崩山之音。闻者便似雨淋之虾蟆，雷惊之稚子，不能立足也。观其动静，则如瘾君子发病也。故其被取一外号"肺病毒枭大势至天尊"，盖此之论也。而其之智，可见其背古诗文也。周五之时，我常见其下课不出，端坐背诗，不知为何。正狐疑间，于阅读课上，听闻余先生之语，方知其已默至第二十七首古诗也。其已先进之甚，虽远不及其师之数，而于班中，能从一菜鸟变为如此者，鲜有听闻也。可见其此时方崭露头角也。

而吾之三徒弟，祝徐帆也。他生得丰姿英伟，相貌轩昂。齿白如银砌，唇红口四方。顶平额阔天仓满，目秀眉清地阁长。双耳有轮真杰士，一身不俗是才郎。而其行止，却不似其貌一般。其厌学之甚，只好习武、篮球与追星，不知学习积淀备盈人生。古人云："训教不严师之惰"，故其既以我为师，而不爱学习，吾也有过也。故吾必助之，使其进步飞速也。

而吾之四徒者，却是赵治也。赵治其他都甚好，只一点不可入真流：上课写作业。师之言，一字千金不止也。而其上课写作业，不听师之说，则损其识也。此人之习性，我也不能禁，而因仗其聪颖，成

绩尚好，故吾难指教也。望吾之师能助其改正也。而"金无足赤，人无完人"，故我徒虽有缺点，然我亦同也。故愚以为人中和睦须以情相处也。故吾与诸徒，亦师亦友，而友居多，少有师徒之别也。故吾此文，亦为四友之文也。

茶　颂

王书懿

受爷爷和爸爸嗜茶的影响，喝茶，也成了我一大爱好。因为喜欢喝茶，也在有意无意间去了解茶和茶文化，留意茶的泡制，喜欢上各种茶具。爷爷书屋的柜子上摆满了各色陈陶茶壶，用久了，平淡无奇的壶也有了一缕茶香，而我，也常常在爷爷的书屋里逗留，看书的间隙赏一赏茶壶。

小时候，总觉得泡茶就像是变魔术一样。当爷爷把沸腾的热水从细细的水壶口倒入放置了几片茶叶的陶壶后，接着就是把这第一道茶水倒掉。每每看到泡得微微有些颜色的茶水被倒掉，心里不免是有些可惜的。而冲入第二道沸水后恰恰才是茶香四溢的时候。微微揭开壶盖，氤氲的热气扑面而来，混合着甘洌的茶香——我总是心太急，这不，茶的味道跑掉了。

我最欢的诗人袁枚，曾写过一篇著作《随园食单》，其中的"茶酒单"尤其令我赞叹。"七碗生风，一杯忘世，非饮用六清不可……"这是"茶酒单"的开场白。他讲到"而我见士大夫生长荒诞，一入宦场便吃熬茶，其苦如药，其色如血，此不过肠肥脑满之人吃槟榔法也。俗矣！"喝茶，又岂是这样的呢？古时人们常把喝茶当作待客之道，久而久之，人们喝茶的方式也变了。我见过有人用塑料杯子泡茶，用的也非沸水，用完就将茶叶连同杯子一并倒了，这又怎么能叫喝茶呢？

"先嗅其香，再试其味，徐作咀嚼而体贴之"，茶的香醇是只有细品细咀才能感受到的。舌有余甘的茶，想必是好茶。如果待客周到的话，主人会亲自为你泡茶，白瓷茶皿晶莹洁白，水沸腾的声音窸窣。泡出的茶以沿杯有淡茶沫而出为绝，所用的茶具要选择得恰好能够衬托汤色而为佳。

如果人生就是"杯具"的话，那希望就像是盏中的茶，不经意间的芬芳会让你感受到生活的美味！

提拉米苏

舒天楚

我曾经在爸爸面前千磨万磨，买回了一只仓鼠。真可以说它"来之不易"！为了它，我可谓是费尽了宝贵的"口水资源"。不过，我的心情还是非常好的。毕竟，它萌出一种新境界！

我"无微不至"地照顾它，吃、喝、拉、撒一手包。每天，我给它换上清凉的水，小心翼翼地把菜叶和香肠递到它面前，就怕把它渴着了或是饿着了。正餐上完了，我还亲昵地招呼它："提拉米

苏！"——这是我给它取的小名。

可它老人家呢？唉，"两耳不闻窗外事，一心只思考人生"，连一声微弱的"吱"都不肯给我。水，偶尔抿一口，菜叶，偶尔舔一口。其余时间呢？它静静地望着窗外。窗外，是阳台。有暖暖的阳光，蓝蓝的天空，微微的风。好美！

我为它感到一丝丝惆怅。不过，真的也就一丝丝。有宽大的"别墅"，爱它的主人，还不够吗？

时间一天天溜走，我仍是"热脸贴它冷屁股"。它并没有像我想象中一样变得性格"活泼开朗"，而是夜深人静时，莫名"叽吱叽吱"小声地叫着，像个孩子偷偷地抽泣。我有时在被窝里听见了，心一紧一紧的，眼前不禁出现了我第一次与它相遇的情景：它与几个兄弟姐妹挤在一起，几小只全都是肥嘟嘟，安安静静的。微黄的毛中隐隐约约藏着一些栗色，整个儿就是一毛绒球！它们一个紧挨一个，滚圆的身子扭呀扭，一定……一定很温暖吧？

那天，我们一家人都要出门。我把它的笼子提到了阳台，想让它晒晒太阳。一回到家，我便直奔向它。当我看清那我熟悉的笼子时——"提拉米苏……提拉米苏，提拉米苏！"

我听见我的声音从最初嘶声的狂喊渐渐到后来低声的哭泣。提拉米苏，难道你最后留给我的，只有半掩的小门，舔了两口的菜叶和你对自由的追求？

我懂了。不管我多么努力，你渴望的都只有暖暖的阳光、蓝蓝的天空和微微的风。

去吧，去欣赏那你本该拥有的风景，而我已有与你美好的回忆和心灵的触动，已足够。

转角是绿萝莉

吕欣冉

转角的绿萝，可爱的小萝莉。

安静地坐在她的专属花架上。花架是雪白的，有三个脚接触地面。三个铁架呈弧线形，如少女柔软的腰肢，连接处雕刻着繁花嫩叶，好似一条雪白小巧的连衣裙，清爽淡雅，披在少女柔嫩的双肩上。风徐徐吹过，少女的裙摆如被掀起了涟漪，轻轻扬起，轻轻落下。

繁茂的嫩叶生长着，不停地向上窜。像一朵花骨朵，静静地开放。花瓣渐渐挣开垂下，中间的小不点儿急匆匆地冒出，似乎很好奇外面的世界，慢慢地，形成了一个圆嘟嘟的球，绿油油的丸子。

握个手吧！可爱美丽的萝莉。你的手可真小，慢慢变细变小。和爱心可以比个高低。可你的手又有些粗糙，为什么呢？是你太乖巧了！平时都自己做着家务吧！你的手有些凉是刚刚忘记把手插进口袋了吧！咦，你笑了，笑起来时，爱心叶片上的叶脉就看得清喽，像水波粼粼的海面被风带起的一丝丝波浪，淡淡的美，耐人寻味的美，捉摸不透的美……

你留着长长的辫子，是等着风将它吹起吗？看得出你用心了，左右对称的两根辫子，几乎一样长，还稍稍打卷儿，显得更加俏皮可爱。风儿轻轻地吹，也就轻轻地摇动，像风儿吹动的秋千，秋千优雅地点点头像是打了个招呼。

可爱的小萝莉，你也和女孩子一样爱打扮了嘛！悄悄地带上花环，还害羞得不好意思呀！这花环很美，嫩嫩的绿夹杂着柔柔的黄，时不时还有古铜色来点几个圆点儿，镶一道花边。你将她戴起，宛如花中仙子——一位清纯的少女。

你可真害羞呀！留着长长的刘海儿，遮住了那双清澈的明亮的眼睛。你这么美丽，犹如仙子，你一定是由一个可爱的萝莉变过来的吧！

可爱的你又笑了，你笑起来很阳光，很温暖。一直站在这个"路口"等着谁，等着你的伙伴吗？哦，她应该也等着你吧！你们一定会在下一个路口遇见，只要你们没有彼此遗忘许下的诺言，拉过勾的约定。

最后都不会错过，只要，你们没有走散。

转角的绿萝，正等待着的小萝莉。等待着，可爱的你。

小人国和大人国

王睿轩

从前，人类分成三个国家：一个是聪明能干的小人国，一个是力大无穷的大人国，还有一个就是远在万里之遥的中国。因为中国与小人国、大人国的距离十分遥远，所以那时的中国人并不知道有这两个

国家。直到有一天，我在"时光隧道"中发现了它们……

小人国的人因为个子矮，所以很容易被人欺负，所以他们的头上都长满了尖刺，身上也有钢铁打造的盔甲。头上的刺可以刺穿大树，但如果用岩石来磨那些头上的刺的话，岩石和尖刺会两败俱伤，这是用来保护头的，因为小人国的头很容易破碎，但是他们的头脑非常的聪明。智商大概是我们的一千万倍，最傻的也有我们的二十万倍，最聪明的可以达到五千万倍。因为小人国的头十分容易破碎，所以小人国的科学家还发明了万能头盔，价格只需二百八十万元。万能头盔，可以保护你的头，而且可以变成所有东西，任何你想象到的它都可以变成。但是它变成那个你想要的东西以后就变不回去了。不要说上天对我们不公平，要知道小人国人力气不大，力气最大的也只能举起一个苹果，力气最小的连一粒灰尘都拿不动。

大人国的人个子大力气大，但是话说得不好，四肢发达头脑简单，果然如此，大人国的巨人就是这样，他们的智商真是惨不忍睹，最聪明的也只有0.001的智商，最笨的连0.00000000001都达不到，他们笨得要死，但他们的力气大得惊人，他们可以毫不费力气地把一栋房子给抬起，任何时候都能随意地搬家，他们只要五个人就能把一座泰山给举起，力气最大的，一个人就能举起，但是他们身上只有很单薄的一件衣服。

今天是3月14日，对小人国的人来说，这是一个特殊而又重大的日子，得纪念他们的祖先，他们每年都要在这一天举行隆重的发明比赛，好啦，废话不多说了，大家还是跟着我来到比赛现场去瞧瞧吧！

第一位选手闪亮登场了，只见他穿一件黑色衣服，头戴黑色礼帽、手上拿着一根大约二十厘米长的银色遥控器，他往台上一站，就像一位魔术师一样，神秘极了。

突然，主持人双脚莫名其妙地离开了地面，他大惊失色："这怎么回事？这是怎么回事？这是怎么回事？……"可他话还没说完，整个身子都悬浮在空中，这时参赛的选手才慢悠悠地对主持人说："主持人请不要惊慌，这是我发明的'物体悬空机'，您是这'物体悬空机'的第一千一百一十个用户了，绝对安全。"这时，选手对台下的观众挥了挥手中的物体悬空机，这可不得了了！台下的观众，一个个都飞了起来，他们惊讶地看着选手。主持人问选手："你的这个机器能否让大树，或者是巨人飞起来？"选手连声回答："绝对可以！……"

他说着便把两棵大树连根拔起，悬空在空中，让观众惊叹不已。

"一百个100分！"评委们都说。

这时第二个选手上场了，他穿着风衣，头戴风帽！

一下子，主持人不知道跑到哪里去了。

"观众们好，这是我们的第二位选手，他一会儿给我们带来怎样的惊喜呢？请大家大开眼界。"

"鬼来了，我好害怕呀！"

"救命，有鬼！有鬼！主持人被抓走啦。"

"大家不要惊慌，不要惊慌，我就在你们面前呀。"主持人说。

"主持人骗人，他分明就是被鬼给捉走了呀，哎呀，闹鬼了，闹鬼了，大家快点跑吧。"

这时第二位选手不慌不忙地说："这是我发明的隐身机器，主持人在这儿呢，哈哈。"说完按了按手中的按钮，主持人又回来了，观众的心也落下了，好多观众都说："好机器，好机器。"

评委给出了一百个100分。两个选手不相上下，他们的机器都进入了生产并献给了国王和国王的儿子。

大人国的国王过了几十年平静的生活了，想来过下刺激的生活，于是他把忠臣们都叫来说："本王想过下刺激的生活，你们有什么意见呢？说说怎样才能让本王过上刺激的日子。"

经过了多次激烈的辩论，终于他们决定和小人国打个仗，然后把他们的人民抓过来当大人国的清洁工。国王赏了每个大臣三个石头。轰轰轰三座大山倒下，小人国的居民们都惊慌失措，把小人国的二十一栋房子，压成了碎渣，两千一百三十人受伤，一千九百七十三人被压在山底下，一个人也没死，因为他们有万能头盔和铠甲保护。

为什么三座大山会突然倒呢，一看才知道原来是大人国的七个士兵在捣鬼，把山给推倒了，他们又把一大波小人国的人民掳去，送到大人国的动物园当清洁工去了，其中还包括小人国的国王。这七个士兵干完这事把消息告诉了国王，大人国国王听了十分高兴，飞快地跑到动物园去看小人国的国王，只看见小人国的国王和他的子民在一个特别特别小的笼子里面乱跑，真像热锅上的蚂蚁。这时有个小人号召大家说，别慌，国王会来救我们的！

轰！大人国的一个士兵如同大山似的，倒在了地上，哦，原来是小人国的士兵打过来了，大人国的国王慌了，叫士兵们冲上去，可是士兵一个也没有冲上去，因为他们不知怎么的，全掉到水里去了，大人国的国王只好独自和小人国的士兵搏斗。

万箭齐发，大人国的国王吹了一口气把小人国士兵射过来的箭都吹了回去。不少的小人国的士兵被自己的剑射倒。大人国的国王抬起他的大脚乱踩，从大人国踩到小人国，再从小人国踩到大人国，一路踩去，一片废墟。

在大人国国王的铁脚下，只剩下小人国的国王和小人国国王的儿子，别的全部死了，而大人国的士兵也全部被小人国的士兵杀死了。

小人国的国王和他的儿子都想用机器打败大人国国王，但他们发现，他们手中的物体悬空机，已经没有多少电了。

小人国国王和他的儿子，齐心协力，用起了术语把一棵棵大树悬浮起来，然后朝大人国国王射去，可是大人国国王用手中的石头简简单单就把大树给劈开了，还说，哼，就这点儿小本事。

他们父子又想把大人国国王给悬空，然后摔死，却发现物体悬空机没电了。怎么办，他们只好往反方向跑。但是他们哪里跑得过大人国的国王，他们父子灵机一动，发现可以用隐身机让自己隐身，可是大人国的国王的脚还是落了下去，小人国国王被踩死了，小人国国王的儿子十分生气，可是又没办法，只好隐身跑。这时天上劈来了一道闪电，刚好劈在物体悬空机上，这时小人国的国王的儿子灵机一动，按下了物体悬空机的按钮，大人国的国王飞速上升，从半空中掉了下来。他从半空中掉下来，却砸在了小人国国王的儿子身上，小人国国王的儿子死了，但是大人国国王从半空中掉下来也死了。

小人国和大人国也就此消失了，你们永远也无法知道在哪里，除非从我这里知道。

搓澡的故事

章 乐

"妈，我……我帮你搓澡吧。"我有些局促不安地说。

"什么？"母亲有些疑惑地转过头来看着我，"帮我搓澡？"

"嗯。"我点点头，没有多说什么，却很坚定。

母亲的背很光滑，却有些消瘦。她最近刚开完刀，还没有完全康复。我拿着一条毛巾，在她那单薄的背脊上，轻轻地搓着。一下一下，小心翼翼。

"你是怎么想到要帮我搓澡的？"她显然还是很惊讶的。这份惊讶中还流露出了掩饰不住的惊喜。毕竟，我从来没有如此直白地帮她做过些什么。

"没什么。"我小声地说。我没有思考过这个问题，当然不知道该怎么回答。

"果真是长大了。"母亲欣慰地笑了笑，并没有继续追问下去。我斜过头偷偷看了看她，她眼里闪着什么光，脸上洋溢着数不清的满足。

她笑了，我却有些不好意思了起来，缄口不言，低下头，默默地擦着。母亲从小到大，为我付出了许多，而我并没有做过什么回报。一次小小的搓澡，竟能让她如获至宝。

我余光扫到她腿上刚愈合的伤疤，怎么看都觉得有些碍眼。那狰狞的缝合处，使我不忍心再继续看下去："妈，你的腿现在还疼吗？"我问得有些迟疑。

"能不疼吗。你看这些肉都是刚长出来的，当然疼了。"母亲抚摸着那条将近二十厘米长的疤痕说道。这个回答使我有些意外。毕竟她一直以来都是说不痛，没事儿。她从来不给我担心的机会。

"要不，你还是来帮我洗脚吧。"她轻轻地说。

"嗯。好。"我蹲了下去，抬起了她的脚。很瘦，能摸得出一块块凸起的骨头，也能看清里面一根根勃起的青筋。

"洗好了吗？"母亲看了看我。

"还没有……快了。"我说。我轻轻地拂拭着她的脚，好像在处理一件易碎的瓷器。母亲的身体从未健壮过，但是我却是第一次体会到，我渐渐长大，而母亲，不复年轻。但是在她眼里，我仍旧是一个需要保护的孩子。

我站了起来，在毛巾上擦了擦手，再拿起了擦脚布，蹲下，仔仔细细地，柔柔地，擦干了她的脚。"好了。"我再站起。看着她的眼睛，发现她也在看我。我们注视着，良久，她笑了。

终有一天，你也会发现，那些爱你并给予你关怀的人，在渐渐老去，而我们，一天天长大，还在为了那绚烂的一刻而努力。不知不觉，我们和他们之间的时光，慢慢逝去。时间像个小贼，偷走了我们和他们在一起的日子。

逝去的时光，我们并不能挽回。人往往在最后失去的时候，才懂得珍惜，以致后悔至极。所以，当发现这一点的时候，请不要迟疑。请珍惜与他们相处的每一刻，那些你爱的人，以及爱你的人。他们需要你的陪伴。

一次简单的搓澡，却让我懂了许多。